헨리 나우웬
1932-1996

Henri J. M. Nouwen

자신의 아픔과 상처, 불안과 염려, 기쁨과 우정을 여과 없이 보여줌으로써 많은 이들에게 영적인 위로와 감동을 준 '상처 입은 치유자'. 누구보다 하나님과의 친밀한 관계를 원했던 그는 하나님을 사랑하는 법과 인간의 마음에 임재하시는 하나님을 발견하고자 애썼다. 매년 책을 펴내면서도 국제적인 강사, 교수, 성직자로서 정신없이 바쁜 행보를 이어갔고, 이러한 그의 삶은 1996년 9월 심장마비로 이 세상을 떠날 때까지 계속되었다.

수많은 강연과 40여 권이 넘는 저서를 통해, 그리고 무엇보다 자신의 삶을 통해 하나님과 직접 교제하는 모범을 보여주었다. 자신의 내면을 들여다보기 위해, 하나님을 사랑하고 그분의 사랑을 받는 법을 배우기 위해, 그래서 그 사랑으로 다른 사람들을 부르기 위해 종종 일터 현장에서 물러났으며, 마침내 안착한 곳은 지체장애자들의 공동체인 라르쉬 데이브레이크였다. 신앙은 그의 생명줄이자 요동하는 세상의 유일한 부동점이었으며, 교회는 아무리 결점이 많아도 여전히 소망과 위로를 주는 피난처였다. 데이브레이크 공동체에서 함께 생활했던 수 모스텔러 수녀는 "당신의 고통을 두려워하지 말라, 관계가 힘들 때는 사랑을 선택하라, 서로 하나 되기 위해 상처 입고 쓰라린 감정 사이를 거닐라, 마음으로부터 서로 용서하라"는 것이 헨리 나우웬의 유산이라고 요약했다. 그의 유산은 지금도 살아 있다.

1932년 네덜란드 네이께르끄에서 태어나 1957년에 사제 서품을 받았다. 1966년부터 노트르담 대학교와 예일 대학교, 하버드 대학교의 강단에 섰으며, 1986년부터 데이브레이크 공동체를 섬겼다. 《탕자의 귀향》《집으로 돌아가는 길》《제네시 일기》《데이브레이크로 가는 길》《두려움을 떠나 사랑의 집으로》《긍휼을 구하는 기도》《분별력》《모금의 영성》 등 그의 책 대부분이 국내에 번역, 소개되었다.

옮긴이 최종훈

대학을 졸업하고 지금까지 줄곧 잡지사와 출판사에서 취재, 기획, 번역 등 글 짓는 일을 했다. 여행하고 사진 찍는 일을 일상의 즐거찾기에 넣어두고 있다. 번역한 책으로는 《천로역정》《예수와 함께한 저녁식사 2》《탕자의 귀향》 등이 있다.

나이 든다는 것

AGING: THE FULFILLMENT OF LIFE

Copyright © 1974 by Henri J. M. Nouwen and Walter J. Gaffney
All rights reserved.
Korean Translation Copyright © 2014 by Poiema,
an imprint of Gimm-Young Publishers, Inc., Seoul, Republic of Korea.
This translation published by arrangement with Doubleday Religion, an imprint of The Crown Publishing Group, a division of Random House, Inc. through EYA(Eric Yang Agency), Seoul.

나이 든다는 것

헨리 나우웬·월터 개프니
최종훈 옮김

Aging: The Fulfillment of Life

포이에마
POIEMA

나이 든다는 것

헨리 나우웬, 월터 개프니 지음 | 최종훈 옮김

1판 1쇄 발행 2014. 12. 26. | **1판 10쇄 발행** 2024. 2. 26. | **발행처** 포이에마 | **발행인** 박강휘 | **편집** 이은진 | **디자인** 지은혜 | **등록번호** 제 300-2006-190호 | **등록일자** 2006. 10. 16. | 서울특별시 종로구 북촌로 63-3 우편번호 03052 | 마케팅부 02)3668-3260, 편집부 02)730-8648, 팩스 02)745-4827

이 책의 한국어판 저작권은 EYA를 통해 The Crown Publishing Group과 독점 계약한 포이에마에 있습니다. 저작권법에 의하여 한국 내에서 보호받는 저작물이므로 무단 전재와 복제를 금합니다.

값은 뒤표지에 있습니다. ISBN 978-89-97760-04-6 03230 | 이메일 masterpiece@poiema.co.kr | 좋은 독자가 좋은 책을 만듭니다. | 포이에마는 독자 여러분의 의견에 항상 귀를 기울이고 있습니다.

◆

나이 듦은
비할 데 없이 중요한
삶의 과정 가운데 하나다.

◆

이 책에 쏟아진 찬사

헨리 나우웬 신부와 월터 개프니의 저작이 다 그렇듯이, 이 멋진 책 역시 머리와 심장에서만이 아니라 넘치도록 깊은 묵상에서 나온 결과물이다. 한없이 섬세한 감성으로 '나이 듦'의 다양한 면모를 직시한다. 이른바 '노인 문제'를 전문으로 다루는 이들에게는 더없이 소중한 책이 될 것이다. 나이를 먹는다는 것은 곧 빛으로 통하는 길임을 보여주고, 나이 들어가는 과정을 잘 활용하면 '닻을 올리고 출항을 기다리는 마음으로' 죽음을 맞이할 수 있다고 말한다. _〈뉴 라이프〉

Aging: The Fulfillment of Life

품위 있게 늙어가면서 그 여정을 마음껏 즐길 수 있는 우아한 기술에 대해 수려한 글과 사진으로 풀어낸 에세이다. 받아들일 준비가 된 이들에게는 뼈와 살이 될 가르침이 가득하다. 노년이 외로움에 찌든 암흑기가 아니라 소망 넘치는 황금기인 까닭을 설명하고 그렇게 만들 방법을 소개한다. 참으로 대단한 글이다. _ 〈찰스턴 포스트〉

언젠가는 나우웬 신부를 '미스터 케어Mr. Care'라고 부르게 될 것이 틀림없다. 늙어가는 이들에게 안성맞춤인 책이다. 하긴 누구라서 나이가 들지 않겠는가? 그러므로 세대를 넘어 이만큼 탁월한 선물도 찾아보기 어렵다. _〈크리스천 센추리〉

풍부한 신앙의 영감을 따라가며 쓴 이 책은 인생의 후반부를 고독과 공포가 아니라 소망과 행복의 근원으로 만드는 방법을 소개한다. 빛나는 삽화와 함께 영적인 삶을 살찌울 묵상거리를 수없이 선사하는 근사한 책이다. 많은 이에게 기쁨의 원천이 될 것이다. _〈스피리추얼 라이프〉

노인은 '끊어진 세대 간의 끈'을 다시 이을 힘을 가진 스승이라는 일반적인 주제를 성경말씀과 우화, 카를 융의 학설, 심지어 교황의 재기발랄한 우스갯소리 등의 예화를 동원해가며 매력적으로 풀어간다. 유익하고 꼭 필요한 메시지임에도, 강요하는 기색이 없어서 한결 편안히 받아들일 수 있다. _〈커커스 리뷰〉

차례

프롤로그_ 수레바퀴 • 13

1
늙어간다는 것 • 31

늙음, 어둠으로 내려가는 통로 • 35
분리 | 적막감 | 자아상실

늙음, 빛으로 이어지는 길 • 63
소망 | 유머 | 통찰

2
보살핀다는 것 • 109

보살핌, 나에게 다가가는 길 • 116
가난 | 긍휼

보살핌, 다른 이들에게 다가가는 길 • 143
용납 | 직면

에필로그_ 수레바퀴 • 171

감사의 말 • 179

주 • 181

© Ron P. van den Bosch

프롤로그
수레바퀴

✦✦✦ 이 책은 나이 듦에 관한 책이다. 너나없이 나이를 먹고 인생의 주기를 채우게 마련이므로 결국 '누구나'를 위한 책이다. 눈밭에 우뚝 선 자작나무에 기대놓은 수레바퀴의 소박한 아름다움에서 배워야 할 점이 있다. 바퀴살에는 더 중요하고 덜 중요하고가 없다. 한데 어우러져 이지러지지 않는 원을 만들고 그 힘이 모이는 중심축을 보여줄 뿐이다. 수레바퀴를 들여다보면 볼수록 살아내야 할 삶의 주기가 한 바퀴뿐이고, 그걸 감당하는 데서 더할 나위 없이 큰 기쁨을 얻는다는 사실을 실감한다.

　제 몫을 다한 낡은 수레바퀴는 삶의 역사를 들려준다. 인간은 너나없이 한 보따리의 선물꾸러미를 들고 세상에 온다. 그날부터 아버지와 어머니, 할아버지와 할머니, 형제자매, 친구와 사랑하는 이들로부터 끊임없이 무언가를 선사받는다. 더 많이 주는 이들도 있고 조금 주는 이들도 있고, 더러는 마지못해 내놓고 더러는 넉넉히 내어준다. 그러다 마침내 제 발로 우뚝 서고, 제 목소리를 내고, 일과 사랑을 통해 저만의 독특한 자아를 표현할 줄 알게 되면, 그동안 얼마나 많은 도움을 받았는지 깨닫는다. 하지만 인생이라는 사이클의 정점에 이르러 "난 참 이러이러하다"라는 고백을 단호하고 분명하게 내놓는 수준에 도달하는 과정에서 스스로 아버지와 어머니, 할아버지와 할머니, 스승, 친구와 연인이 되어 삶을 완성하고 또 다른 이들에게 무언가를 베푸는 존재가 되라는, 다시 말해 받은 대로 되돌려주고 세상을 떠나라는 부르심을 인식한다.

수레바퀴는, 차츰 늙어가는 게 아프긴 하지만 견뎌볼 가치가 있음을 일깨워준다. 삐거덕거리며 구르는 바퀴는 앞으로 나아가게 되어 있다. 인생의 사이클은 단 한 바퀴뿐이고, 길고 긴 인류 역사 가운데 지극히 작은 몫을 맡을지라도, 기품 있고 조심스럽게 그것을 감당하는 게 인간의 가장 큰 소명이다. 진흙탕을 뒹굴고 오르내리기를 되풀이하며 한 발 한 발 죽음을 향해 가는 것이 인생일지라도, 첫 번째 흙구덩이는 두 번째와 다르고 부침을 거듭하는 가운데도 진보가 있으며 죽음 또한 마지막 선물이 될 수 있다.

프롤로그

나이가 든다는 건 바퀴가 굴러가는 것과 같다. 받는 데서 주는 쪽으로 성숙해가고 삶이 죽음을 값지게 만들면서 인생의 주기를 매듭지어가는 것이다. 그러므로 나이 드는 걸 감추거나 부정할 필요가 없다. 삶의 신비를 벗겨 그 실체를 서서히 드러내는 성장 과정으로 이해하고 인정하고 경험해야 한다.

그런 기대감을 키우자는 것이 이 책을 쓰는 속뜻이다. 마음과 생각뿐 아니라 삶 전체를 내려놓음으로써 성장의 개념으로 나이 듦을 경험할 수 있다면, 디모데후서의 저자와 동일한 고백을 드리는 경지에 한발 더 다가서게 될 것이다.

> 나는 이미 부어드리는 제물로 피를 흘릴 때가 되었고, 세상을 떠날 때가 되었습니다. 나는 선한 싸움을 다 싸우고, 달려갈 길을 마치고, 믿음을 지켰습니다(딤후 4:6-7).[1]

노인이 없으면 누구나 나이 먹는다는 사실을 잊어버리고 만다. 그런 점에서 어르신들은 선도자다. 한눈에 들어오는 노인들의 모습은 인간이 너나없이 똑같은 과정을 밟아가고 있음을 명쾌하게 일깨워준다. 그러므로 나이가 들어가는 것에 대한 설명은 노인에 대한 이야기에서 시작하는 것이 제격이다. 노인들의 삶에는 경고뿐 아니라 소망도 가득하다.

나이 든 이들의 신체적, 정신적, 영적 문제나 쾌적한 주거 환경과 적절한 일거리, 좋은 친구가 필요하다는 점에 주목하는 도서는 수두룩하다. 많은 노인이 처한 서글픈 처지를 지적하고 어떻게든 상황을 바꿔보려는 책도 허다하다. 하지만 이처럼 노년의 아픔을 강조하는 데는 심각한 위험이 따른다. '늙는다는 건 곧 골칫거리가 되는 것'이라는 전제에서 생각을 풀어갈 공산이 크기 때문이다. 나이 듦을, 무슨 수를 써서라도 피하고 싶지만 누구도 피해갈 수 없는 인간의 숙명이자, 더는 부정할 수 없을 만큼 명확한 징표가 드러나기 전까지는 절대로 인정할 수 없는 소름끼치는 현실이라고 보는 것이다. 그렇게 되면 노인에 대한 관심은 죄책감이 내재된 적선, 나이와의 싸움에서 패한 포로들에게 보이는 연민 어린 행동 같은 게 되고 만다.

세상 어딜 가든 나이 들어가는 이들이 두려움과 고통에 사로잡히는 모습을 어렵잖게 볼 수 있다. 허다한 노인이 외로움에 시달린다. 인생의 사이클을 거의 다 채웠다는 인식은 쓰라린 절망을 안겨준다. 여기에는 여러 이유가 있는데, 앞으로 차근차근 살펴볼 참이다. 하지만 어떤 설명을 내놓든 그 밑바닥에는 나이 듦을 노인만의 문제로 치부하려는 유혹이 도사리고 있다.

나이 드는 것은 인간에게 너무도 당연한 과정이어서 누구든 예외 없이 지나야 하는 길이라는 사실을 부정하고 싶어 한다. 어쩌면 우리는 그저 존재만으로도 인간의 숙명을 상기시키고 날카로운 비수가 되는 노인들의 목소리를 듣지 않으려고 안간힘을 써왔는지도 모른다. 그런 점에서 노인을 스승으로 모시고 끊어진 세대 간의 끈을 다시 잇는 일은 무엇보다 시급하고 중요한 과제다.

그러므로 우선, 노인들이야말로 나이 먹는 일의 위험성뿐 아니라 가능성까지 가르쳐줄 교사임을 이야기하려 한다. 연로한 어르신들에게는 나이 듦이 어둠으로 가는 길인 동시에 빛으로 이어지는 통로임을 생생하게 보여줄 힘이 있다. 다음으로는 노화와 보살핌에 관해 생각해보려 한다. 노인을 어떻게 돌보느냐 하는 차원에서 한 걸음 더 나아가, 나이 드는 것을 남의 일로 여기려는 성향을 고치고 하루하루 그 실체에 더 가깝고 친밀하게 다가서는 방법을 찾아보려 한다.

나이 듦은 마치 약속의 무지개처럼 온 인류 위에 내걸린 더없이 공통적인 경험이다. 지극히 인간적이기에 유년과 성년, 장년과 노년이라는 인위적인 경계를 뛰어넘는다. 약속으로 가득해서 인생의 보배를 점점 더 많이 캐낼 수 있게 해준다. 늙어간다는 건 낙심의 사유가 아니라 소망의 토대이고, 조금씩

퇴락해가는 것이 아니라 차츰차츰 성숙해가는 과정이고, 이를 악물고 감수해야 할 운명이 아니라 두 팔 벌려 맞아들여야 할 기회다.

그러므로 노인이든 노인을 돌보는 이든 나이 듦이라는 인간의 보편적인 경험, 치유와 새로운 생명력이 샘솟는 그 체험을 통해 서로를 인식하게 되기를 바란다.

프롤로그

◆

바퀴살에는 더 중요하고 덜 중요하고가 없다.
한데 어우러져 이지러지지 않는 원을
만들고 그 힘이 모이는 중심축을 드러낼 뿐이다.

◆

더 많이 주는 이들도 있고
조금 주는 이들도 있고, 더러는 마지못해 내놓고
더러는 넉넉히 내어준다

◆

첫 번째 흙구덩이는 두 번째와 다르고
부침을 거듭하는 가운데도 진보가 있으며
죽음 또한 선물이 될 수 있다.

◆

Ajimy
The Fulfillment of Life

제 1 부
늙어간다는 것

발리 섬 노인의 전설은 현대 사회와 현대인이 노인 또는 어르신을 대하는 방식을 좀 더 명쾌하게 돌아보는 데 도움이 된다.

옛날 옛적, 깊고 깊은 어느 산골 마을에는 노인을 잡아먹는 풍습이 있었습니다. 결국 나이 지긋한 어르신이 한 명도 남지 않게 되었고 마을의 전통도 사라졌습니다. 그러던 어느 날, 온 주민이 한데 모일 커다란 공회당을 짓게 되었습니다. 하지만 막상 건축에 쓰일 통나무를 베어놓고 보니 위아래를 분간할 줄 아는 이가 아무도 없었습니다. 재목을 거꾸로 세웠다가는 커다란 재앙이 잇따라 닥칠 수 있는 상황이었습니다. 그때 한 젊은이가 다시는 노인을 잡아먹지 않겠노라고 온 마을이 맹세하면 해법을 찾아보겠다고 나섰습니다. 다들 흔쾌히 약속했습니다. 젊은이는 숨겨두었던 할아버지를 데려왔습니다. 노인은 동네 사람들에게 위아래를 정확히 일러주었습니다.[2]

노인들을 지나치리만치 희생시키고 외면하고 배척하기는 오늘날도 매한가지가 아닐까? 각자의 삶을 이해하는 데 힘을 보태줄 전통을 잃어버린 탓에 이제는 위아래조차 가늠하지 못하게 되지 않았는가?

늙는다는 걸 파멸과 흑암으로 가는 길쯤으로 여기는 이들이 수두룩하다. 하지만 한 해 한 해 나이 먹어가는 것을 점점 빛을 향해 자라가는 일로 믿으며, 낱낱이 해체되는 경험 속에서도 위아래를 분간하는 기술을 생생하게 간직하고 있는 이들도 많다. 젊은 친구들이 숨겨두었거나 스스로 겁에 질려 숨은 이들이다.

그래서 나이 듦을 어둠으로 기는 통로로 보는 시각부터 짚어보려고 한다. 부디 나이를 먹는 것이 빛으로 가는 길이고, 또 그렇게 될 수 있다는 사실을 깨닫길 바란다.

늙음,
어둠으로 내려가는 통로

❖❖❖ 잘 알려진 프랑스 작가 시몬 드 보부아르는 늙음에 대해 풍부한 근거를 갖춘 인상적인 연구서를 펴냈다. 오랜 기간에 걸쳐 노화의 생물학적, 인종적, 역사적, 현상학적 측면을 자세히 분석한 작가는 이렇게 결론짓는다. "서글픔과 거부감을 품고, 다가오는 노년을 바라보는 이들이 절대다수다."³ 노년을 바라보는 보부아르의 시선에 속속들이 배어 있는 비관적이고 우울한 분위기는 그 옛날 어느 시인이 시편 31편에 쏟아낸 불평을 현대판으로 되살려낸 것 같은 느낌이다.

주님, 나를 긍휼히 여겨주십시오.
나는 고통을 받고 있습니다.
울다 지쳐, 내 눈이 시력조차 잃었습니다.

내 몸과 마음도 활력을 잃고 말았습니다.
나는 슬픔으로 힘이 소진되었습니다.
햇수가 탄식 속에서 흘러갔습니다.
근력은 고통 속에서 말라버렸고,
뼈마저 녹아버렸습니다.
나를 대적하는 자들이 한결같이 나를 비난합니다.
이웃 사람들도 나를 혐오하고,
친구들마저도 나를 끔찍한 것 보듯 합니다.
거리에서 만나는 이마다 나를 피하여 지나갑니다.
내가 죽은 사람이라도 된 것처럼,
나는 사람들의 기억 속에서 잊혔으며,
깨진 그릇과 같이 되었습니다(시 31:9-12).

오늘날 헤아릴 수 없이 많은 노인이 '깨진 그릇' 신세가 되었다. 미국의 경우에는 2,000만 명에 이르는 65세 이상 노령 인구 가운데 700만 명 정도가 빈곤한 삶을 꾸려가고 있다. 너무 가난해서 기초 의료비마저 감당할 수 없는 지경이다. 2만 4,000개 남짓 되는 요양원에 100만 명 넘는 노인이 생활하고 있다. 넘치는 수용 인원에 비해 직원은 부족해서 치료다운 치료는커녕 사실상 단순 관리조차 불가능한 곳이 상당수다.

37

늙어 간다는 것

노령 남성의 중간소득(상위와 하위 그룹을 제외한 중간층의 소득 - 옮긴이)은 전체 중간소득의 절반에도 미치지 못한다. 노령 여성의 경우에는 수입이 있다손 치더라도 연간 1,000달러 미만이다. 복지 시설에서 노년을 보내기 위해 전 재산을 탈탈 털어 비용을 지불하는 경우도 허다하다. "늙고 궁핍해지는 것만 한 고역이 없다"던 섀런 커틴의 이야기는 헛말이 아니다.[4] 상황이 이러한데도 미국인은 나이 들어 보이는 걸 막아주는 장치와 화장품을 구입하거나 기술을 익히는 데 해마다 50억 달러를 넘게 쓴다. 반면에 1970년 한 해 동안 노인들을 돌보는 데 사용한 돈은 3억 3,000만 달러에 불과하다.[5]

노인들이 "거리에서 만나는 이마다 나를 피하여 지나갑니다. 내가 죽은 사람이라도 된 것처럼, 나는 사람들의 기억 속에서 잊혔으며, 깨진 그릇과 같이 되었습니다"라는 시편 기자의 고백을 되뇌는 건 놀랄 일이 아니다. 우리 사회는 노인들에게 곁을 내주지 않는다. 무서운 전염병에 걸리기라도 한 것처럼 외면하고, 관계를 끊고, 밀어낸다. 더 이상 사회 구성원으로 여기지 않는 것이다. 예전보다는 한결 은밀하고 교묘해졌지만, 결과는 매한가지다. 늙음이 죽음보다 훨씬 두렵기 일쑤라는 시몬 드 보부아르의 지적은 한 치 어긋남이 없는 사실이다. 세상을 떠난 뒤에 어찌될지는 상상하기 어렵지만, 나이 들었다는 이유로 사회에서 추방당하는 아픔이 얼마나 클지는 넉넉히 가늠할 수 있다. 닥쳐올 가혹한 현실의 실상을 훤히 알고서 기다리는 것은 삶을 마감하고 실체를 모르는 저세상으로 떠나길 기다리는 것보다 훨씬 두려운 일일 것이다. 플로리다 스콧 맥스웰이라는 여든두 살 할머니의 글에는 그러한 심정이 고스란히 담겨 있다.

> 앞으로 얼마나 더 나이를 먹게 될지, 몸이 망가지는 것을 얼마나 더 견뎌야 하는 건지 감이 잡히지 않는다. 끊임없이 혼자 중얼댄다. '아직도 더 살아야 해? 얼마나 더 가야 하는 거지?' 나이 드는 것이 죽음보다 두려울 수도 있다. … 죽을 날을 기다린다는 생각, 그리고 갈수록 더 뚜렷해질 혐오스러운 형국이 야금야금 우리를 갉아먹는다.[6]

누구도 이런 사실과 느낌을 부정할 수 없다. 오히려 그 속에 뛰어들어 스스로 물어야 한다. "도대체 무엇이 노인들에게 밀려났다는 느낌을 갖게 하는 걸까?" 여기에 답하려면 적어도 분리, 적막감, 자아상실이라는 세 가지 요소만큼은 반드시 짚어보아야 한다. 우리는 이 세 요소를 사회에서 거절당하고, 친구에게 거절당하고, 내적 자아에게 거절당하는 세 가지 형태로 생각해볼 수 있다.

분리

클레어 타운센드는 노년을 일컬어 '최종적인 분리'라고 했다. '존재'를 '행위'나 '소유'보다 사실상 낮게 평가하는 현대 문명을 감안하면 매우 적절한 표현 같다. 일자리를 얻고, 출세하여 승승장구하고, 집과 차와 돈과 주식과 채권 따위의 재물, 좋은 관계와 풍부한 지식을 쌓으려는 욕구가 인생의 핵심 동기가 되다 보니, 더 이상 그처럼 '바람직한' 요소를 가지고 세상과 관계하지 못하는 이들은 이방인 신세가 되고 만다.

자원봉사와 관련된 몇 가지 문제도 이러한 사실에 비추어 설명할 수 있을 듯하다. 평생 부지런히 일해서 노후를 안락하게 보내기에 충분한 자금을 마련해둔 이들도 제힘으로 밥벌이를 못 하게 되면 아무짝에도 쓸모없는 인간이 되었다고 생각하는 경향이 있다. 자원봉사는 부차적인 활동으로 여기기 일쑤다. 부유한 집안 출신 학생들이 봉사 활동을 마다하고 '진짜로 돈 버는 일'을 더 좋아하는 심리와 같다. 노인들 역시 스스로 일해서 정당한 대가를 받아야 비로소 사회 구성원으로 받아들여졌다는 느낌을 받는다. 여가 시간이 점점 늘어나는 세상에서 봉사 활동이 좀처럼 각광을 받지 못하는 것은 참으로 기묘한 역설이 아닐 수 없다.

하지만 다 그런 건 아니다. 개인적으로 알고 지내는 한 남성은 40대 후반에 노후 자금을 넉넉히 저축해두고 퇴직해서, 지금은 대형 시립 병원에서 제대로 보살핌을 받지 못하는 이들을 도우며 여생을 보내고 있다. 그의 소망은 돈을 더 버는 것이 아니라 꾸준히 보람 있는 일을 하는 데 있다. 수입은 일의 가치를 판단하는 기준이 되지 못한다. 이처럼 감동적인 봉사 활동을 펼치는 사례는 한둘이 아니다.

하지만 명예퇴직 같은 구조 조정의 결과로 행위나 소유 또는 수익 따위를 가지고 자신의 정체성을 확인하던 세상 밖으로 밀려나는 순간부터 스스로 늙었음을 실감하는 이들이 허다한 것도 엄연한 현실이다. 인간의 가치가 점수판 위의 숫자로 평가되는 '짜릿한' 경쟁과 선두 다툼에 참여할 수 없게 된 이들은 인간 이하로 추락했다는 느낌을 떨쳐내지 못한다. 실제로 어딜 가든 제대로 인정을 받지 못한다. 가쁜 숨을 내쉬며 허덕허덕 장거리를 달려왔지만, 사회에서 서글픈 낙오자와 같은 신세가 되는 것이다. 노인들 틈에서 오랫동안 일한 젊은 여성 섀런 커틴은 말한다.

소유한 재산으로 인생의 성패를 판단하고 넋을 빼앗긴 듯 강박적으로 돈을 써대는 소비자를 완벽한 시민으로 여기는 문화는 노인들에게 낄 자리를 주지 않는다. 경쟁에서 밀려나 다시는 게임에 낄 수 없는 존재로 취급할 뿐이다. 현대인은 이렇듯 인간의 진부화를 부추기는 문화에서 산다. 사춘기가 지나자마자 진부해지고 쓸모없어지는 분위기다. 이제 고물 자동차에게 남은 것은 요양원이나 실버타운 같은 '최후의 수단'뿐이다.[7]

서구 사회에서 늙어가는 것에 대한 두려움은 대부분 생산하고 성취하고 소유하고 유지할 능력을 계속 요구하는 세상의 기대에 부응하지 못할까 걱정하는 데서 비롯된다. 따라서 퇴직과 동시에 더 많은 재물과 권력을 얻고 싶은 욕망을 내려놓을 수밖에 없는 이들은 생산성이 기대에 미치지 못하는 존재로 폄하되기 일쑤다. 다들 너그럽게 참아주는 것뿐이지 의미 있는 존재로 봐주지는 않는다. 이윤을 최우선으로 보는 사회는 노년을 영예롭게 여길 수 없다. 정말로 노년을 영예롭게 여기면, 지금 이 사회를 굴러가게 하는 우선순위 체계가 뿌리째 흔들리기 때문이다.

그래서 소유를 존재보다 중시하는 곳마다 분리가 일어난다. 힘이 없어서 분리를 모면할 수 없게 된 이들이 궁핍한 처지에서 벗어날 요량으로 재산과 권력, 영향력 따위에 극도로 집착하면서 억압받는 쪽이 아니라 도리어 억압하는 역할을 택하는 상황이 벌어지는 까닭도 여기에 있다. 교회와 국가에서 큰 목소리를 내는 노년층 인사들이 구태의연한 인식과 시대에 뒤떨어진 관습을 악착같이 고집하면서 진정한 성장과 발전을 가로막는 모습을 볼 때면, 성공지향적인 세상에서 자기 정체성을 드러낼 방도가 사실상 그 길뿐이어서가 아닐까 하는 생각도 든다. 노년의 피해자라는 점에서는 그들 역시 그만한 행운을 누리지 못하는 다른 동년배들과 다를 게 없다.

몇 번이고 되짚고 넘어가야 할 중요한 대목이 있다. 이러한 분리는 지극히 은밀한 형태로 일어나는 경우가 많다는 점이다. 손주들은 할아버지 할머니에게 예의 바른 편지를 쓰면서 노인들이 좋아할 만한 이야기만 적어 보낸다. 젊은이들은 어르신들을 찾아뵙지만, 나이 든 이들을 자신의 삶에 끌어들이지는 않는다. 상처를 입히거나 화를 돋우거나 충격을 주고 싶지 않은 까닭이다. 다툼은 막고, 진실은 감추고, 인간의 실상은 상당 부분 가린다. 모두 다 연로하신 아버지와 어머니, 고모와 이모, 삼촌, 또는 친구가 아무런 감정의 요동 없이 평온하게 삶의 마지막 단계를 밟아가게 해주려는 선의에서 비롯된 일이다.

45

늙어
간다는
것

하지만 실제로는 노인들의 삶을 덜 인간적이고, 덜 온전하며, 덜 사실적이게 만드는 일이다. 의식적으로든 무의식적으로든 자신의 세계를 있는 그대로 보고 이해하고 해석하는 것을 가로막는, '선택적 소통'이라는 감옥에 갇히는 탓이다. 플로리다 스콧 맥스웰은 이렇게 말한다.

> 우리는 저만의 지옥에서 살고 있다. 우리의 세계는 좁은데다가 조금씩 더 좁아들면서 끊임없는 고통을 안긴다. 친구들은 죽어간다. 멀리 떠나는 이들도 있다. 어떤 이들은 너무 쇠약해서 이편을 받아줄 수 없다. 나 또한 노쇠해서 그이들에게 가지 못한다. … 오가는 편지마저 뜸해지면 스스로 만들어낸 노인 나라의 국민이 되거나 아예 국적 없는 외톨이로 살아간다.[8]

분리는 비단 은밀하게만 아니라 노골적으로도 나타난다. 하지만 어느 양상이든 상태를 더 악화시키는 것은 억압적인 형태의 자가 분리다. 비교적 일찍부터 특정한 사고방식과 행동 양식에 안주하는 이들을 흔히 본다. 거기서 안전하고 보호받는다는 느낌을 얻으면서, 위험을 무릅쓰고 변화를 추구하는 새로운 삶의 방식을 택할 가능성을 미리 차단해버리는 것이다. 그러니 노년에 이르기 훨씬 전부터 의식 수준이 확연히 떨어지기 시작하고, 마침내 스스로 구축해놓은 안락한 생활 방식이 통하지 않게 되면 타인의 거부와 거절에 훨씬 더 쉽게 상처를 받을 수밖에 없다.

이처럼 사회에서 거절당할 뿐 아니라 스스로도 자신을 거부해서 그 골이 더 깊어지게 만드는 분리 현상으로 인하여 노인들은 자신이 '아무도 반겨주지 않음에도 여기저기 기웃거리고 다니는 존재'가 되어버렸다고 느낀다.

적막감

분리가 노인들을 힘들게 하는 주요인이기는 하지만, 의식적으로 거기에 내재된 파괴적인 동력을 정확히 꿰뚫어보는 이는 흔치 않다. 나이 든 이들과 이야기를 나누다 보면 분리가 아니라 서글픔, 괴로움, 적막감 따위가 마음에서 제일 먼저 튀어나온다. 적막감은 기존의 인간관계가 위축되는 것은 물론이고, 살날이 얼마 남지 않아서 교제의 범위를 다시 넓힐 여지조차 없다는 사실을 뼈저리게 인식하고 정신적으로 심한 타격을 받을 때 찾아온다. 오랫동안 가까이 지내며 사랑과 우정을 나누던 이들이 먼저 떠나고 홀로 남았다는 쓰라린 감정이다.

이제는 누구와도 잃어버린 친구만큼 친해질 수 없다는 내면의 소리다. 외경인 집회서의 기자는 벗을 술에 빗대며 "오래되어야 제맛이 난다"고 말한다. 인간이 살 수 있는 삶은 단 한 번뿐이고, 지루한 일상뿐 아니라 환희와 절망의 순간까지 함께할 진정한 길벗은 지극히 제한된 숫자에 지나지 않는다. 그처럼 귀한 친구들이 훌쩍 떠나버리면 이젠 남은 길을 혼자 가야 한다. 도중에 만나는 친절하고 따듯한 이들에게조차 "그거 생각나요?"라고 묻지 못한다. 그 사건의 현장에 있던 인물이 아니기 때문이다. 그때부터는 삶이 금 간 유리창에 비친 얼굴처럼 변해버린다.

흔히들 고독이야말로 노년을 견디기 어렵게 만드는 근본적인 이유라고 믿는다. 하지만 고독은 남들보다 사교적인 만남이 적다는 의미일 뿐이다. 그러나 원래부터 몇몇 친구하고만 어울리는 걸 즐기는 이들도 있다. 이에 비해 적막감은 그동안 살아온 날들에 견주어 사회적인 접촉이 줄어들 때 나타난다.[9] 한 인간의 역사가 단절되고 익숙한 연대가 끊어지고 사회적으로 발가벗겨진 상태가 될 때 찾아오는 감정이다. 이처럼 적막감이 지배하는 상태에서는 쓸쓸함이 내면 깊숙이 배어든다. 친구나 친척들과 즐겁게 어울리던 시절의 행복한 기억에 젖어드는 것도 외로움의 표현일 수 있다.

49

늙어
간다는
것

분리가 사회로부터 거절당하는 것이라면, 적막감은 가까운 이들에게 거절당하는 경험이다. 배우자나 친구가 먼저 세상을 떠났을 때, 어떤 말로 설명하고 해석해도 냉혹한 세상에 홀로 남겨진 사실은 부인할 수 없다. 이 때문에 가슴 깊이 거절감이 스며들고 심지어 분노가 치밀기까지 한다. 이런 감정을 마음속 깊은 곳에 꼭꼭 감춰놓고 남들은 물론 자신에게조차 드러내지 않는 경우가 얼마나 많은지 모른다. 실체가 파악되지 않는 그 감정은 그지없이 큰 고통을 안기게 마련이다.

자아상실

분리와 적막감은 노인들을 심각하게 소외시키는 강력한 요소임에 틀림없다. 하지만 마지막으로 살펴볼 자기 거부야말로 더없이 파괴적인 거절 방식이다. 자아상실은 곧 내적인 외면이자 배척이다. 이해득실을 따라 움직이는 사회에서 더 이상 환영받는 존재가 아니라든지, 가까운 친구들이 함께 어울리는 작은 모임조차 꾸려갈 수 없게 되었다는 느낌을 안겨줄 뿐 아니라, 자긍심을 앗아가고 내면생활을 온전히 이어가지 못하게 만든다. 자아상실은 분리나 적막감과 떼려야 뗄 수 없는 관계이기는 하지만, 그 자체로도 나이 든 이들을 구석으로 몰아넣는 결정적 요인이 될 수 있다. 그만큼 특별한 관심을 기울여야 할 영역이란 뜻이다. 내면의 자아를 잃은 이들은 살아갈 이유마저 놓쳐버리고 집회서 기자의 고백을 되풀이한다.

> 아, 죽음아, 너의 판결이
> 궁핍하고 기력이 쇠잔하며
> 나이를 많이 먹고 만사에 걱정 많은 인간에게,
> 반항적이고 참을성을 잃은 자에게 얼마나 좋은가?(집회서 41:2)

어쩌면 이런 자아상실은 현재에서는 아무런 만족을 얻지 못하고 오로지 지난날에서만 정체감을 찾을 수 있게 된 이들, 짙은 어둠 속으로 끌려들어가듯 미래를 바라보는 이들에게서 가장 뚜렷이 나타날지 모른다. '이래 봬도 왕년엔 내가' 식의 사고방식은 더없이 깊은 소외감을 드러낼 뿐이다. 로버트 버틀러의 말마따나 과거에 집착할수록 노인들은 불안과 죄책감, 절망, 우울 속에 갇힐 수밖에 없다.[10] 생산성으로 인간의 가치를 규정하는 사회의 희생자인 동시에, 어떤 친구를 두었느냐에 따라 인간의 가치가 결정되는 것처럼 믿게 만드는 사람들의 포로가 되고 만다. 어느덧 내면의 자유가 사라지고 외로운 현실에 창의적으로 대응할 여지마저 없어진다. 시금털털하고 쓰라리고 신랄한 처지를 모면하지 못한다. 미래라고 해봐야 온통 공허하고 캄캄하며 끔찍한 세상이 전부다.

    자아를 잃고 나면 소망마저 사라진다. 분리와 적막감은 나이 든 이들의 마음을 짓밟는다. 노인들의 가장 내밀한 곳간을 열어젖히고 악이 파고들어 소중한 보배를 약탈해갈 길을 낸다. 막연히 짐작해서 하는 말이 아니다. 사방을 둘러봐도 오로지 캄캄한 어둠뿐이라는 노인들이 허다하다. 얼마나 어두운지 색깔조차 분간할 수 없고, 아무런 표시도 보이지 않는다. 아무도 믿을 수 없다. 마음에는 원망과 분노, 시기가 가득하고 때로는 사나운 원한까지 출렁인다. 중세 암흑기에서 셰익스피어에 이르기까지, 셰익스피어의 《맥베스》부터 로만 폴란스키 감독의 〈로즈메리의 아기〉에 이르기까지 인류 역사에 흐르는 일관된 경향이 있다. 노인들을 거론할 때면, 사람들에게 위험한 마법을 걸고, 가는 곳마다 삽시간에 두려움을 퍼트리는, 추하고 사악한 마법사나 마녀처럼 묘사하기 일쑤다.

    시몬 드 보부아르의 연구에 속속들이 배어 있는 비관적인 분위기, 인생의 끝자락에 얽힌 우울한 통계, 분리와 적막감과 자아상실을 통해 겪는 거절감은 늙어가는 것이 칠흑 같은 어둠 속으로 빠져드는 것이라고 느끼게 만든다.

소름끼치는 덫에 걸렸다는 느낌이 시도 때도 없이 엄습한다. 아직은 젊다고 혼자 부르짖어본들 잠시 어둠을 부정할 수 있을 뿐, 도저히 떨쳐내지 못할 숙명이란 생각이 든다.

그리스에서 전해 내려오는 어느 스파르타인의 이야기는 이 소름끼치는 어둠의 덫을 한층 생생하게 드러낸다. 한 노인이 공동체에서 외면당하고 분리된 채 친구들마저 잃어버리고 거절의 경험을 수없이 곱씹다가 결국 정든 고향을 등지고 깊은 산속으로 들어가 비참한 생을 마감하기로 작정했다. 막 집을 나서려는데, 아버지가 아들에게 담요 한 장을 들려주며 숨지기 전까지 추위를 피하도록 할아버지께 드리라고 했다. 아들은 담요를 받아들고 절반으로 죽 찢었다. 절반은 남겨뒀다가 제 아비가 늙어 세상을 떠날 즈음에 쓸 수 있도록 챙겨두겠다는 것이다.[11]

이 우화는 누구도 피할 수 없는 노년의 어두운 현실을 잘 그려낸다. 노인은 물론이고 그의 아들과 손자까지 모두 그 그늘을 벗어나지 못한다. 사랑은 무모한 영웅심에 치우친 행위에 지나지 않고, 노년은 묵시적인 체념의 시기일 뿐이라는 생각을 내비친다.

스파르타에서는 노인들이 산으로 들어가 죽음을 맞고, 발리에서는 동족들의 손에 붙들려 제물로 바쳐진다. 오늘날에도 이런 추방은 꾸준히 되풀이되고 있다. 방법은 더 교묘해졌지만, 그 결과가 파괴적이라는 점은 같다.

이쯤에서 손을 털고 슬퍼하며 포기하는 게 좋을까? 그렇지 않다. 통나무의 위아래를 분간해서 공회당이 무너지지 않도록 해줄 어르신을 내가 숨겨두고 있노라고 이야기하는 청년이 우리가 사는 이 세상에도 더러 있기 때문이다. 나이 드는 일에 얽힌 근거 없는 신화를 벗겨내고 늙어가는 것이 진정 빛으로 이어지는 길이 될 수 있음을 일깨워줄 젊은이 말이다.

◆

이웃 사람들도 나를 혐오하고, 친구들마저도
나를 끔찍한 것 보듯 합니다.
거리에서 만나는 이마다 나를 피하여 지나갑니다.

◆

앞으로 얼마나 더 나이를 먹게 될지,
몸이 망가지는 것을 얼마나 더 견뎌야 하는지
감이 잡히지 않는다.

자아를 잃고 나면 소망마저 사라진다.
분리와 적막감은
나이 든 이들의 마음을 짓밟는다.

늙음,
빛으로 이어지는 길

❖❖❖ 여태껏 설명한 어둠은 나이 많은 이들의 치유를 가로막는 현대 사회의 구조적 병폐와 관련이 깊다. 나 역시 그러한 사회 환경을 뼈아프게 인식하고 있다. 그러나 이 책에서 사회의 구조적 결함에 대한 해법을 다루지는 않을 것이다. 주제에서도 벗어나거니와 글쓴이의 능력을 벗어난 문제이기 때문이다. 더구나 노인들을 괴롭히는 환경은 앞으로도 달라지지 않고 계속 이어질 것이다.

이런 생각을 하다 보면 어둠에 짓눌리게 내버려두고 싶은 마음, 나이 든 이들의 삶 속에서 뚜렷이 보게 될 빛의 신호를 무시한 채 자신을 내팽개치고 싶은 마음이 커진다. 그런데 이렇게 캄캄한 어둠 속을 헤매다 어느 순간 한 노인과 마주친다. 그 어른은 부드러운 미소를 띠고, 어쩌면 애초에 생각했던 것보다 알아야 할 것이 더 많을지 모른다고 넌지시 일러준다.

그런데 마침 예루살렘에 시므온이라는 사람이 있었는데, 그 사람은 의롭고 경건한 사람이므로, 이스라엘이 받을 위로를 기다리고 있었고, 또 성령이 그에게 임하여 계셨다. 그는 주님께서 세우신 그리스도를 보기 전에는 죽지 아니할 것이라는 성령의 지시를 받은 사람이었다. 그가 성령의 인도로 성전에 들어갔을 때에, 마침 아기의 부모가 율법이 정한 대로 행하고자 하여, 아기 예수를 데리고 들어왔다. 시므온이 아기를 자기 팔로 받아서 안고, 하나님을 찬양하여 말하였다. "주님, 이제 주님께서는 주님의 말씀을 따라, 이 종을 세상에서 평안히 떠나가게 해주십니다. 내 눈이 주님의 구원을 보았습니다. 주님께서 이것을 모든 백성 앞에 마련하셨으니, 이는 이방 사람들에게는 계시하시는 빛이요, 주님의 백성 이스라엘에게는 영광입니다"(눅 2:25-32).

시므온은 비관적인 마음을 무너뜨린다. 노쇠한 선지자의 축복은 음울한 통계 수치를 앞에 두고도 여유만만한 웃음을 지어보이는 것 같다. 마치 우리 귀에 대고 이렇게 속삭이는 듯하다. "그대들은 나이 먹는 것이 빛으로 이어지는 길이 될 수 있다고 생각해본 적이 있소?" 시므온은 눈과 귀를 열어 새로운 환상을 보고 낯선 목소리를 듣게 해준다. 이제 시편 기자의 음성이 분명히 들린다.

> 의인은 … 우리 하나님의 뜰에서 크게 번성할 것이다. 늙어서도 여전히 열매를 맺으며, 진액이 넘치고, 항상 푸르를 것이다. 그리하여 주님의 올곧으심을 나타낼 것이다(시 92:12-15).

> 주님의 말씀을 열면, 거기에서 빛이 비치어 우둔한 사람도 깨닫게 합니다(시 119:130).

의로운 이들 가운데 이런 빛이 자라나는 걸 지켜본 모세는 이스라엘 백성들에게 말한다. "어른들에게 물어보아라. 그들이 너희에게 말해줄 것이다"(신 32:7). 그렇다. 눈이 가려져 보지 못하지만, 노인들은 분명히 존재한다. 그들을 모임의 가운데 자리에 모셔다가 혼란스러운 삶의 어둠을 몰아내고 위아래를 분간하게 해야 한다.

"어른들에게 물어보아라. 그들이 너희에게 말해줄 것이다." 그런 이들이 보이는가? 분명히 있지만 통계 수치와 연구 보고, 설문 조사 따위에 가려 좀처럼 드러나지 않을 뿐이다. 노년의 어두운 실상과 관련된 자료는 잘 정리되어 있는 반면, 빛의 실상은 이해타산을 좇아 돌아가는 컴퓨터와 시장 분석표에 잘 들어맞지 않는 것처럼 보인다. 그러나 근래 들어 관심을 가진 이들이 나이 듦의 실체를 가려온 신화를 걷어내기 시작했다. 그들은 나이 드는 걸 두려워하는 청장년층의 심리는 사실보다 소문에 더 깊이 뿌리박고 있다고 믿는다. 의학자 알렉산더 리프 박사가 〈내셔널 지오그래픽〉 지에 소개한 논문은 러시아와 카시미르, 에콰도르의 품위 있는 노인들을 멋지게 묘사한다.[12] 심리학자 버니스 뉴가튼도 장기간에 걸쳐 70세부터 79세 사이의 노인 2,000여 명을 연구하는 프로젝트를 마쳤다.[13] 이 연구를 통해 뉴가튼은 노년이란 전성기의 면모를 서서히 잃어가는 인생의 그늘진 막장이 아님을 명쾌하게 보여준다. 늙어가는 것을 필요 이상으로 두려워하게 만들고 '세대 간에 부정적이고 적대적인 자세를 유발하는' 일차 요인은 사실상 노인에 대한 고정 관념에 있다고 말한다.[14] 고정 관념은 세대를 분리시킨다. 뉴가튼은 이렇게 적었다.

> 노인은 가난하고 고독하고 병들고 불행한 (또는 완강하고 고루하며 반동적인) 존재라고 믿는 한, 노년을 바라보는 시각은 초라하고 불쾌해질 수밖에 없다. 자연히 한 걸음 물러서서 노인들을 열등한 지위에 놓는 편이 차라리 속 편하다고 생각하게 된다.[15]

그런 마음가짐이 불러오는 폐해는 엄청나다. 젊은이들은 노년층과의 접촉을 꺼리게 된다. 노인들도 마찬가지다. 다음 세대로 하여금 누구나 나이 먹는다는 사실을 절감하게 하고, 제각기 창의력이 솟아나는 소중하고 예민한 자리를 짚어낼 수 있도록 돕는 스승 역할을 할 수 없게 된다. 우리 사회에서 자행되는 폭력 가운데 상당 부분은 영속성에 대한 착각에 뿌리를 두고 있다. 인생을 서로 나눠야 할 선물이 아니라 단단히 지켜야 할 재물쯤으로 보는 것이다. 노인들이 가까이 살면서 인간은 예외 없이 늙는다는 엄연한 현실을 더 이상 확인시켜 줄 수 없게 되는 순간부터, 사람들은 나이 먹지 않고 영원히 살겠다는 환상을 이어가기 위해 위험천만한 힘겨루기를 시작한다. 그렇게 되면 결국 어른들의 지혜는 빛을 보지 못할 뿐 아니라 노인들 스스로도 삶에 대한 깊은 이해를 놓치게 된다. 귀 기울여 듣고 싶어 하는 학생이 없는데, 누구라서 스승의 자리에 머무를 수 있겠는가?

하지만 노년층이 꼭 음울하고 둔하고 의존적인 사회 집단인 것은 아니다. 사실, 젊은이들보다 훨씬 탁월하고 독특하고 특별한 달란트를 드러내는 노인이 적지 않다. 뉴가튼은 말한다. "인간은 다 다르다. 저마다 오랜 시간을 두고 일련의 독특한 경험을 쌓는 한편, 특정 부류의 인물, 사물, 관심사와 활동에 빠지면서 차이는 갈수록 더 커지게 마련이다. … 이런 분화는 삶의 주기를 다할 때까지 깊이를 더해가며 지속적으로 발생한다."[16]

두려움을 털어내고 늙어가는 이들에게 가까이 다가서면, 비로소 호기심과 놀라움이 가득한 눈망울을 반짝이며 둘러앉은 아이들에게 옛이야기를 들려주는 할아버지 할머니들이 보인다. 나이 많은 요한 23세 교황이 장구한 세월을 이어져 내려온 가톨릭교회에 생기를 불어넣는가 하면, 나이 많은 마더 테레사 수녀가 인도에서 병들고 죽어가는 이들에게 희망을 전했다는 데 생각이 미친다. 렘브란트가 마지막으로 그린 자화상을 바라보며 예전엔 미처 알아채지 못했던 깊이를 발견한다. 미켈란젤로가 만년에 완성한 작품에 감탄하며 작가가 만들어낸 필생의 걸작임을 깨닫는다. 노년기에 들어선 슈바이처의 강인한 얼굴, 아인슈타인의 날카로운 시선, 교황 비오 10세의 온화한 얼굴을 기억한다. 평생 공들여 일궈낸 밭을 바라보는 농부의 맑은 눈길, 오래전에 자식들을 떠나보낸 여인의 얼굴에 피어나는 심오한 통찰과 달관의 미소, 늙은 시인의 표정에 어린 집중의 흔적을 알아본다. 노인네들이 옛 동네, 옛 시절, 옛 친구를 이야기하는 소리를 듣는다. 아픔과 기쁨을 엮어서 마침내 고요한 절정에 이르는 가락을 잣는 듯하다.

70

나이 든다는 것

긴 세월 동안 세상과 힘겹게 싸워온 숱한 이들의 깨지고 멍든 얼굴에 한 줄기 새로운 빛이 서리는 것을 서서히, 그러나 분명히 알게 된다. 점점 나이 들어가는 데서 비롯된 것이라 결코 사라지지 않을 광채다.

개인적인 경험을 되짚는데, 문득 네덜란드에 있는 할머니가 떠올라 옆에 있던 이에게 이야기했다.

나는 할머니를 생각해도 슬프거나 우울하다는 느낌은 들지 않아요. 오히려 따뜻한 미소가 먼저 기억나죠. 하얗게 센 머리칼과 온화한 낯빛이 멋진 분이었어요. 안고 뽀뽀해주실 때마다 한없이 포근했어요. 푹신한 의자에 앉아서, 아빠와 엄마, 형님 누나와 동생들, 공부와 성직자 노릇, 앞날에 대한 계획과 소망에 관한 이야기를 한마디도 놓치지 않으려는 듯 귀 기울여 들어주셨죠. 언제나 내 편이 되어 역성을 들어주시는 걸 똑똑히 알 수 있었어요. 선생님이 못마땅하다고 불평을 늘어놓으면 어김없이 내 생각이 옳았다는 쪽에 힘을 실어주셨어요. 여러 날 동안 여행했던 이야기를 들려드리면 "아이고, 애야. 고생이 많았겠구나!"라며 토닥이셨어요. 바빠 죽겠다고 투덜대면 기다렸다는 듯 일을 떠맡겼을 것으로 짐작되는 상대를 겨냥해 역정을 내셨죠. 내가 무슨 말을 하든 허투루 넘기시는 법이 없었어요. 80여년에 이르는 당신의 지난 세월에 관해선 좀처럼 말씀이 없었지만, 할머니의 눈에는 네덜란드의 조그만 농장에서 보내온 느긋한 삶이 오롯이 담겨 있었어요. 할머니의 눈동자에서 여차저차 만나 가정을 이루고 45년을 살았던 남자와, 둘 사이에서 태어난 열한 자녀를 보았어요. 내 아버지에게 걷고, 말하고, 제힘으로 살아가는 법을 가르치는 모습이랑 한번 터지면 끝도 없이 이어지곤 하던 무시무시한 천식 발작을 보았죠. 창턱을 짚고 서서 집 앞에 세워둔 영구차를 물끄러미 바라보며 곧 장지로 떠날 남편과 생전에 나누었던 수많은 추억을 더듬는 모습을 보았어요. 계속해서 손을 놀리면서 무언가를 짜는 모습도 보았어요. 나를 비롯한 손자손녀들에게 줄 스웨터와 긴 목도리였죠. 언젠가는 손에 묵주를 쥔 채 말씀하셨어요. "네가 성유를 발라주니 얼마나 기쁜지 모르겠구나. 이보다 근사한 일이 또 있을까? 이제는 언제 가더라도 여한이 없겠어." 그러더니 빙그레 웃으며 덧붙이셨어요. "하지만 헨리야, 네가 이렇게 멋지게 사는 걸 보니 조금 더 살아서 후손들을 위해 기도해야겠다는 마음이 드는구나. 그럼 할 일이 별로 없는 이 늙은이도 바쁘게 살 수 있을 테니 말이다." 그리고 어느 날, 창가 의자에 앉아 오래된 기도서를 손에 꼭 쥐고 고개만 가볍게 숙인 자세로 할머니는 우리 곁을 떠나셨어요. 얼굴에 평안하고 밝은 기운이 가득했어요.

늙음은 빛을 향해 가는 길이 될 수 있다. 올더스 헉슬리가 형 줄리안의 생일에 쓴 편지를 보면, 이러한 사실을 잘 알고 있었음이 여실히 드러난다.

> 나이 먹어가는 걸 실감하긴 힘들지…. 젊은이들 특유의 열린 마음과 탄력을 유지하면서도 오랜 경험이 주는 열매를 만끽할 줄 아는 극소수 부류에 끼었으니, 우린 둘 다 운이 좋은 것 같아.[17]

지금까지는 "수많은 노인에게 거절감을 안겨주는 요인은 무엇인가?"라는 까다로운 질문을 붙잡고 이야기를 풀어왔다. 이제는 "어떻게 해야 헉슬리의 말처럼 나이 먹는 것을 빛을 향해 자라가는 과정으로 여기는 인생이 될 수 있는가?"라는 물음을 살펴볼 차례다. 두 번째 질문은 첫 번째보다 답하기가 어렵다. 살다 보면 행복보다는 고통을 훨씬 빨리 감지하기 때문이다. 다리가 멀쩡할 때보다 쓰리고 아플 때 다리에 관해 더 쉽고 정확하게 설명할 수 있는 것처럼, 늙어가면서 얻는 기쁨보다 아픔을 이야기하는 데 더 많은 시간과 에너지를 쓰게 마련이다. 그러나 빛의 자녀가 되고 싶다면, 거절의 아픔에 무너지지 않은 노인들, 그들이 간직한 신비로운 선물에 한 걸음 더 다가서려 노력해야 한다.

매사에 투덜거리기만 하는 분들보다 그렇지 않은 어르신이 상상 이상으로 많다. 예를 들어, 플로리다 스콧 맥스웰 같은 분은 이렇게 말한다.

나이 때문에 헷갈릴 때가 있다. 개인적으로 노년은 고요한 시기라고 생각했다. 70대까지만 해도 흥미진진하면서도 아주 평온했는데, 80줄에 들어선 뒤부터 오히려 열정이 끓어 넘친다. 신념 같은 게 얼마나 강렬하게 솟구치는지 스스로도 놀랄 지경이다.[18]

만년의 완숙한 경지를 묘사하고, 노년의 나날을 값진 선물로 살아내는 이들로부터 쏟아져 나오는 빛줄기를 포착하는 게 가능할까?

당연히 쉽지는 않을 것이다.

하지만 기품 있고 신중하게 늙어가는 노인들의 소망과 유머, 통찰을 살피면, 그 실체에 조금 더 가까이 접근할 수 있을지도 모른다.

소망

소원을 서서히 소망으로 바꿔가는 것도 빛으로 통하는 길을 닦는 방법 가운데 하나다. 인간은 '바깥의' 무언가를 소원하고 '내면의' 무언가를 소망한다. 소원은 자동차, 집, 승진, 재산처럼 구체적인 대상이 있다. 소망은 제한을 두지 않으며 상대방이 약속을 지키리라는 믿음에 토대를 둔다. 마치 눈 덮인 벌판 위로 퍼져나가는 예배당 종소리와도 같다. 소원 위에 세운 결혼은 늘 위태롭지만, 소망에 뿌리를 내린 결혼은 유연하고 온갖 가능성이 다 열려 있다. 남편과 아내가 할 수 있는 일이나 손에 쥐고 있는 소유를 의지하지 않고 서로를 소중히 여기고 의지하기 때문이다.

그러므로 소원을 소망으로 바꿔가려면, 당장 눈앞에 보이는 크고 작은 요인으로부터 한 걸음 물러나 두 팔 벌려 미래를 받아들이는 점진적인 해방 과정을 밟아야 한다. 로버트 카스텐바움 교수는 누군가에게 사회가 '늙었다'는 딱지를 붙이는 한, 이런 변화는 결코 일어날 수 없다고 강조한다. 틀림없는 사실이다. 자유로운 마음가짐으로 소망이 깃들 여지를 만들기 위해서는 "중년 때부터 시간과 죽음을 바라보는 개념을 바꿔야 한다."[19]

78

나이 든다는 것

카를 융은 삶의 주기에서 그 시점이 얼마나 중요한지 정확하게 파악했다.

> 인생의 한낮은 힘과 뜻을 다해 일에 온전히 매달리는, 그야말로 삶이 만개하는 시기다. 하지만 다른 한편으로는 땅거미가 내려앉는 시점이기도 하다. 인생의 후반전이 열리는 것이다. … 정오의 해가 이울면서 내리막이 시작되고 아침에 가졌던 가치와 이상이 뒤바뀌는 흐름이 뚜렷해진다.[20]

욕망을 버리고 방향을 바꾸고 목표를 다시 정할 수밖에 없는 상황이 닥칠 때마다, 관계가 깨지고 친구를 잃고 계획을 새로 세워야 하는 순간마다, 삶은 우리더러 시야를 넓혀서 하루하루 일렁이는 소원의 파도가 아니라 그 밑바닥 깊숙이 흐르는 소망의 물살에 몸을 맡기라고 속삭인다. 그러하기에 "삶이 덜컥거릴 때마다 저마다 새 출발의 필요성을 절감한다."[21] 하지만 젊어서 발을 떼지 못한다면, 나이 든 뒤에는 더 말해 무엇하겠는가?

소망이 커지면 설령 이뤄놓은 일이 많지 않더라도 존재 자체로 소중하다는 사실에 차츰 눈을 뜨게 된다. 쓸모는 잃어버릴지언정 의미만큼은 제대로 찾게 되는 것이다. 그런 점을 몇

지게 보여주는 도가의 옛이야기가 있다. 몸집은 크지만 이리저리 뒤틀리며 자란 늙은 참나무 앞에서 목수와 제자가 이야기를 주고받는다.

목수가 제자에게 말했다.
"나무가 긴 세월을 버텨가며 이만큼 크고 굵어진 비결을 알겠느냐?"
제자가 대답했다.
"모르겠습니다. 까닭을 알려주십시오."
목수는 젊은 후배에게 자상하게 일러주었다.
"쓸모가 없기 때문이지. 재목감이었더라면, 진즉에 베어다가 톱으로 켜서 침상이나 책상, 의자 따위를 만들었을 터, 쓸 만한 구석이 없으니 저렇게 자라도록 내버려둔 게야. 덕분에 저렇게 커져서 누구나 들어가 쉴 수 있을 만큼 너른 그늘을 드리우게 된 걸세."

존재 자체로 가치를 갖게 되었을 때, 나무는 비로소 빛을 향해 자라갈 자유를 누리게 되었다.
소망의 힘이 바로 여기에 있다.

유머

빛으로 가는 길은 소망이 가득하므로 유머가 차고 넘치게 마련이다. 유머는 부드러운 미소가 따르는 깨달음이다. 거리를 두되 빈정대지 않는다. 상대화시키지만 조롱하지 않는다. 틈을 만들지만 홀로 버려두지 않는다. 나이 든 이들은 곧잘 온 집안을 웃음으로 채우곤 한다. 대형 프로젝트에 정신이 팔린 진지하고 심각한 비즈니스맨마저 주저앉아 낄낄거리게 만든다. 은근한 미소와 함께 찾아오는 깨달음은 더할 나위 없이 값진 선물이다.

어느 날, 한껏 차려입은 고위 외교관이 교황 요한 23세 앞에 무릎을 꿇고 반지에 입을 맞추며 말했다.

"'지상의 평화 Pacem in Terris'를 세상에 주셔서 얼마나 감사한지 모릅니다, 성하!"

교황은 웃음을 머금고 상대를 지긋이 바라보며 대꾸했다.

"오, 그대도 그걸 읽었군요?"

언젠가는 교황에게 누군가 이렇게 물었다.

"바티칸에서 일하는 사람이 모두 몇 명이나 됩니까?"

교황은 잠시 생각하는 시늉을 하더니 거침없이 대답했다.

"글쎄요, 반쯤 되지 않을까요."

84

나이 든다는 것

유머는 굉장한 미덕이다. 자신과 자신의 세계를 진지하게 대하되 도를 넘지 않게 막아준다. 삶의 매 순간 죽음을 생각하되 소름끼치는 불청객이 아니라 만일의 사태를 상기시키는 부드러운 암시로 받아들이게 한다.

유머 감각을 지닌 노인들은 지나치게 심각한 세상과 더불어 가장 아름다운 유희를 벌일 줄 안다. 이는 하늘 아래 어느 곳에서나 마찬가지다. 암스테르담에서는 할머니들이 학생들의 농성이 한창인 대학 건물에 기다란 줄을 연결하고 음식과 음료를 담은 바구니를 들여보내, 세상을 구하는 사명이라도 받은 듯 심각하게 구는 경찰들을 놀림감으로 만들었다. 미국 캘리포니아 주 베니스에서는 노인들이 바닷가 벤치에 앉아 길게 늘어뜨린 머리칼에 맨발 차림인 히피들이나 자유분방한 동성애자들, 자칭 구루니 요기니 하는 명상가들과 더불어 몇 시간씩 이런저런 잡담을 나눈다. 에콰도르에 사는 123세 할아버지는 여자에 대한 질문을 받자 너털웃음을 터트리며 대꾸한다. "이젠 잘 보이지도 않지만, 느낌으로 그저 여자인지 아닌지 정도는 말할 수 있지."

이런 노인들은 앞을 막고 있던 두려움과 의혹이라는 벽을 허물 뿐 아니라 자유로운 삶을 사는 데 필요한 온갖 시도를 기꺼이 받아들일 힘이 있다. 더러는 나이 많은 어른들이 깊은 이해를 품고 이야기한다. "젊은 양반들이 뭘 하려고 하는지 안다오. 그럼, 두말하면 잔소리지. 이것저것 가리지 말고 꾸준히 해봐요. 그만한 가치가 있을 게요. 자유롭다는 게 어떤 느낌인지 나도 잘 알거든."

그런 노인들의 주름진 얼굴을 마주하면, 두 눈 너머 깊은 내면에서 새어나오는 빛이 보인다.

월터는 어려서 살던 다세대 주택의 1층 할머니를 잊지 못한다.

그렇게 행복에 겨워하는 분은 본 적이 없습니다. 하지만 실제로는 힘들 만한 일투성이였습니다. 남편은 몇 해 전에 먼저 세상을 떠났고, 이렇다 할 수입도 없었습니다. 시력은 나날이 나빠지고 있었습니다. 하지만 자식들을 다 키워낸 뒤에도 하루하루 기쁜 마음으로 삶을 대했습니다. 학교에서 돌아오는 길에 인사를 빼먹고 지나치기라도 할라치면 어김없이 "월터야, 오늘 네가 얼마나 보고 싶었는지 아니?"라며 붙잡곤 했습니다. 그분 댁에 가는 게 정말 좋았습니다. 집 안에는 고양이와 물고기, 새와 거북이는 물론이고 진저라는 강아지까지 있었습니다. 동네 아이들이라면 누구나 녀석들에게 관심이 많았고, 할머니는 기꺼이 꼬맹이들을 집 안에 들였습니다.

88

나이
든다는
것

어느 날 제가 물었습니다. "어떻게 이 많은 동물을 한 마리도 빠트리지 않고 챙기세요?" 할머니는 웃음기 가득한 얼굴로 대답했습니다. "난 생물을 돌보는 걸 좋아한단다. 인생이 아름답다는 걸 녀석들은 끊임없이 일깨워주거든." 할머니는 저녁마다 문간에 앉아 지나가는 이들에게 일일이 따뜻한 인사를 건네면서 삶을 사랑하는 마음을 여실히 보여주었습니다. "속 편하게 사는 게 제일"이란 말을 입에 달고 다니다시피 했을 뿐 아니라 정말 그렇게 살았습니다. 함께 어울려 놀던 우리는 나이 드는 게 그렇게 못 견딜 일은 아니고 즐거운 일이 될 수도 있다는, 평생 잊지 못할 가르침을 할머니에게서 얻었습니다. 할머니는 몇 년 전 팔순이 넘은 나이로 세상을 떠났습니다. 할머니를 기억하고 좋아하는 이들은 "틀림없이 마음 편히 돌아가셨을 것"이라고 입을 모았습니다.

노인들로 하여금 절대로 죽지 않을 거란 환상을 버리고 지난날의 절박하고 급박했던 온갖 일을 되새기며 웃음 지을 수 있게 해주는 건 이런 초연함, 다시 말해 기품 있는 '놓아주기'인지도 모른다. 모든 것을 제자리에 두면, 살아갈 참된 이유를 받아들일 틈이 생긴다.

통찰

소망과 유머는 새로운 통찰을 빚어낸다. 더러 인간 존재의 한계를 훌쩍 뛰어넘어 따듯하고 부드럽게 품어주듯 환하게 빛나는 광채를 바라보는 노인을 만나게 된다. 간혹 그 빛이 우리를 다정히 부르는 주님의 목소리를 닮았더라는 말도 있다. 늘그막에 누리는 삶에 대한 플로리다 스콧 맥스웰의 이야기를 듣다 보면, 차츰 나이 먹어가는 것이 어떻게 빛을 바라보는 눈이 점점 더 크게 열린다는 의미가 될 수 있는지 감이 잡히기 시작한다.

노인은 이렇게 적고 있다.

> 오래 살다 보니 진리에 조금씩 가까워지고 있다는 느낌이 든다. 말로 설명하긴 어렵다. 그걸 어떻게 콕 집어 표현하겠는가? 할 수도 없고 그러고 싶지도 않다. 하루하루 나이를 먹어가는 이들, 어쩌면 늙는 걸 겁내는 이들에게 노년은 깨달음의 시기라는 점을 말하고 싶다. "뭘 깨닫죠?"라고 묻는다면 내놓을 수 있는 답은 하나뿐이다. "스스로 찾아내야지. 그렇지 않으면 깨달음이 될 수 없으니까."[22]

늙어 간다는 것

통찰력은 나이가 들수록 무르익어가며 인간이 가진 자기 한계 너머로 이끌어간다. 과거에 집착하는 성향이나 현재만 중요하게 여기는 태도에서도 벗어나게 해준다. 전폭적이고 과감하게 수용하는 자세를 갖게 함으로써, 삶과 죽음을 가르는 데서 비롯된 아픔마저 서서히 가라앉힌다.

올더스 헉슬리는 첫 번째 부인, 마리아의 죽음을 묘사하면서 이러한 사실을 더할 나위 없이 감각적으로 풀어냈다. 작가는 아내의 머리에 손을 얹고 나지막이 속삭인다.

> 놓아요, 놔버려요. … 빛 속으로 곧장 들어가요. 흘러가는 대로 몸을 맡기고 빛을 향해 가요. 온갖 기억도, 회한도 버려요. 뒤돌아보지도 말아요. 당신이나 남들의 미래 따위는 염려할 필요 없어요. 그저 빛만 생각해요. 이 순수한 존재, 이 사랑, 이 기쁨만 보도록 해요.[23]

더 보탤 말이 있을까?

유머가 젊은이와 노인, 여행자와 거주민, 주인과 손님 사이의 경계를 허물고 소통을 이룬다면, 영적인 빛은 세대 간의 깊고 깊은 분리를 모두 녹여내서 온 인류를 자유로이 연합하게 만든다.

네덜란드의 성직자 한 포르만은 이런 인식을 생생하게 보여준다. 인도를 여행하던 도중에 치명적인 암에 걸린 것을 알게 된 그에게 남은 길이라곤 집에 돌아가 죽음을 맞는 것뿐이었다. 임종을 앞두고 기력이 서서히 쇠해가는 중에도 신부는 다음과 같은 멋진 글을 써내려갔다.

누구도 부정할 수 없는 사실에서부터 이야기를 풀어나가려 한다. 문화적인 배경은 제각각일지라도 … (죽음처럼) 결정적인 순간에는 너나없이 '빛'이라는 본질적인 어휘와 맞닥뜨리게 마련이다. 그렇지 않은가? 힌두교나 불교를 신봉하는 이들이 말하는 깨우침과 그리스도인이 내세우는 영원한 빛 사이에는 근본적으로 비슷한 구석이 있다. 죽으면 빛으로 들어간다고 설명하기는 양쪽이 매한가지다. 실질적인 차이가 있다면, 요즘 그리스도인들과 달리 불교도들은 세상을 떠나기 훨씬 전부터 일찌감치 그 빛(열반)을 현실로 인식하며 산다는 점 정도일 것이다. … 선불교나 힌두교의 가르침은 깨침 또는 삼매三昧를 강조하는 데 비해, 기독교는 (요한의 말을 빌리자면) '세상에 온 모든 사람'을 위해 예비된 합일 곧 깨달음에 그다지 주의를 기울이지 않는 듯하다. 일단 하나님을 만난 이들은 사후 세계에 별다른 흥미를 느끼지 못하는 법이다. '큰 빛' 가운데 사는 법을 배운 이들은 내일도 여전히 그 빛이 그 자리에 있을지 염려하지 않는다. … 내세에 대해 의문을 품고 회의하는 마음은 세상 모든 종교가 추구하듯 하루하루의 일상 가운데 거룩한 빛이 다시 자리를 잡게 되면 홀연히 사라지는 것처럼 보인다.[24]

생명이 스러져가는 이가 쓴 이 글은 노화가 빛, 다시 말해 종교 문화와 인간 사이를 갈라놓는 온갖 검은색과 회색 줄을 지워버리고 인류가 추구하는 다양한 색깔을 하나로 묶어 총천연색 무지개를 빚어내는 빛을 향해 성숙해가는 과정이 될 수 있다는, 숨이 막히도록 근사한 통찰을 여실히 보여준다. 나이를 먹을수록 삶이 더 여물게 할 뿐 아니라, 좁아지기만 하던 길을 나날이 넓혀 대로를 이루게 하는 힘도 빛을 향한 이 통찰에서 나온다.

소망과 유머, 통찰이라는 세 요소는 정신적으로 열린 자세를 유지해서 '오랜 세월에 걸쳐 쌓아둔 경험의 열매를 만끽할 줄 아는' 행복한 인간을 만든다. 예루살렘 성전을 지키던 노인 시므온은 이 범주에 속하는 인물이다. 마을 회의에 불려나와 통나무의 위아래를 구분해준 발리의 할아버지와 달리, 나이 많은 이 선지자는 품에 안은 작고 어린 아기를 통해 뭇 백성과 민족이 볼 수 있도록 준비된 빛을 선포하기에 이르렀다.

이처럼 노년을 '최종적인 분리'로 여기는 건 최후의 착각이라는 사실을 깨닫는 순간, 젊은이와 나이 많은 세대는 서로를 끌어안는다. 결국 인간은 젊고 늙은 인간으로 구분되는 것이 아니라 빛의 자녀로 연합하게 되어 있음이 여실히 드러나기 때문이다.

* * *

나이가 든다는 건 어둠으로 내려가는 통로일까? 아니면 빛으로 이어지는 길일까? 답은 우리 존재의 중심에서부터 나오는 것이기에 누구도 딱 집어 판단할 수 없다. 아무도 자신의 노년이 이러저러할 것이라든지 이만저만해야 한다고 단정 짓지 못한다. 실존의 의미를 예측하거나 추정할 수 없다는 점은 인간의 위대한 속성에 속한다. 궁극적으로 존재의 가치는 마음으로 누리는 자유 속에서만 찾아보고 확인할 수 있다. 오로지 거기서만 분리와 연합, 적막감과 소망, 자아상실감과 새로이 되살아난 통찰을 분별하는 게 가능하다. 너나없이 늙어가고 언젠가는 죽음을 맞게 마련이지만, 이러한 인식에는 고유한 방향 같은 게 없다. 파괴적일 수도 있고 창조적일 수도 있다. 억압적일 수도 있고 자유로울 수도 있다.

추방과 거절이 부각되고 평생을 통틀어 가장 두려운 시기인 노년이 도리어 공동체에 위가 어디고 아래가 어딘지 가르쳐주는 행복한 기회로 바뀔 수 있다. 하지만 누가 은신처에서 노인들을 불러내는 주인공이 될까? 누가 그들의 두려움을 걷어내고 분리와 적막감, 자아상실이라는 어두운 구석에서 뭇 나라와 백성이 바라볼 수 있는 빛 속으로 데려갈 주역이 될까? 어떤 젊은이가 용감하게 세상 앞에 나서서, 노인들을 밀어내면 전통이 단절되고 일련의 불행을 피할 수 없다고 외칠 수 있을까? 보살피는 이들일 것이다. 보살핌을 통해 늙음은 빛으로 가는 길이 되고 소망과 새 생명을 제공할 수 있게 된다.

101

늙어
간다는
것

♦

그대들은
나이 먹는 것이 빛으로 이어지는 길이 될 수 있다고
생각해본 적이 있소?

♦

◆

소원 위에 세운 결혼은 늘 위태롭지만,
소망에 뿌리를 내린 결혼은
유연하고 온갖 가능성이 다 열려 있다.

◆

너나없이 늙어가고
언젠가는 죽음을 맞게 마련이지만,
이러한 인식에는 고유한 방향 같은 게 없다.

Ajimy
The Fulfillment of Life

제 2부

보살핀다는 것

런던의 미술관을 찾아다니던 오스카 코코슈카의 경험담은 나이 듦이라는 맥락에서 보살핌을 이해하는 데 큰 도움이 된다.

1차 세계대전이 한창일 무렵, 난 영국에 머물고 있었다. 돈이라곤 씨가 말라서 비참한 생활을 할 수밖에 없었다. 한결 젊고 씩씩했던 아내는 말했다. "우리 미술관이라도 가서 한숨 돌리고 와요." 온 세상이 파괴로 가득했다. 런던에만 폭탄이 떨어지는 게 아니었다. 날이면 날마다 어느 도시가 박살 났다는 소식이 들려왔다. 초토화, 폐허, 궤멸. 세상은 갈수록 가엾고 서글퍼졌다. 가혹한 일이었다.

렘브란트의 마지막 자화상이 눈에 들어왔다. 몹시 흉물스럽고 노쇠한 모습이었으며 한없이 처참하고 절망적이었지만 더없이 근사했다. 거울에 비친 한 인간의 스러져가는 자아를 바라보며 (자신이 아무것도 아님을 직시하고) 자신을 '무無' 또는 인간 본연의 공허함을 보여주는 대상으로 그려낸 작가의 의도가 한눈에 들어왔다. 이렇게 경이로울 수가! 이 얼마나 놀라운 형상인가! 나는 그림에서 용기와 새로운 젊음을 찾았다. 나도 모르게 "성聖 렘브란트!"란 말이 터져 나왔다. 진심으로 고백하건대, 이만큼 사는 건 오로지 그런 예술가들 덕분이다.[25]

솔직하고 과감한 자화상으로 많은 이에게 새로운 생명을 불어넣는 화가의 이미지만큼 보살핌을 멋지게 형상화할 수 있는 게 또 있을까. 렘브란트는 63점의 자화상을 남겼다. 단순히 '표현법을 연마하는 모델'로서가 아니라 '가장 내밀한 인성을 통해 영적인 것을 탐색하는 수단'으로 자신을 그렸다.[26]

렘브란트는 인간 내면의 신비를 꿰뚫어보고 싶다면, 빛이 드는 안방은 물론이고 음침한 지하실에 이르기까지 구석구석 자아를 파고들어야 한다고 믿었다. 가장 개인적인 것이 가장 보편적이기도 하다는 사실을 알고 있었다. 나이를 먹어갈수록 이 거장은 비참한 처지에 몰린 존재가 자신을 인식하고 '용기와 새로운 젊음'을 발견할 수 있는 인간 경험의 고갱이를 건드릴 줄 알게 되었다. 병적이리만치 자신에게 집착하는 자세가 아니라, 칠흑 같은 어둠 속에서 빛을 찾아 헤매는 이들을 섬기는 심정으로 끊임없이 자화상을 그리고 또 그리지 않는 한, 누군가를 진정으로 돌보는 건 불가능하다.

누군가를 보살피려면, 허약하기 짝이 없는 자신의 모습을 고스란히 노출해서 치유의 원천으로 삼아야 한다. 그러므로 노인을 돌본다는 건 자신의 내면을 파고들어 나이 들어가는 자아에 바짝 다가서고, 지금 어느 시기에 와 있는지 헤아리고, 인생 주기가 움직이고 있다는 것을 실감한다는 뜻이다.

113

보살
핀다는
것

그러면 나이 들어가는 내 안에서 치유의 능력이 솟아나서, 앞날에 대한 두려움을 떨쳐내도록 다른 이를 다독일 수 있다. 보살핌을 그저 노인들에게 친절히 대하고, 가끔 찾아뵙고, 꽃을 선물하거나 차를 태워주는 정도로 여기면, 그들 곁에 있을 수 있고, 기꺼이 그들 곁에 거하는 것이 우리에게 얼마나 중요한 일인지 망각하기 쉽다. 나이 들어가는 자신을 인식하지 못하면서 어떻게 나이 든 이들과 온전히 함께할 수 있을까? 노인들의 이야기가 애써 덮어둔 상처를 건드릴 뿐이라면, 어떻게 그들의 아픔에 귀 기울일 수 있을까? 하루하루 나이 들어가는 자신을 한사코 외면하기만 하면, 어떻게 그들에게 동행을 제안할 수 있을까? 나약한 자신의 모습을 두려움과 무지로 단단히 감싼다면, 어떻게 노인들의 연약한 부분을 부드럽게 어루만질 수 있을까?

나이 든 이들과 한편이 되어 공통의 경험을 이야기할 때에야 비로소 노년의 자유를 찾도록 그들을 도울 수 있다. 나이 들어가는 나를 반가이 맞아들여야만, 비로소 선한 이끎이가 되어 치유의 길을 열 수 있다. 그러니 '나이 듦'의 맥락에서 보살핌을 다루는 이 단락에서는 다른 이들에게 다가서는 길로서 보살핌의 의미를 살펴보기 전에 자신에게 다가가는 길로서 보살핌의 의미를 먼저 살펴보려 한다.

보살핌,
나에게 다가가는 길

✦✦✦ 첫 번째 문제는 어떻게 나가서 노인들을 돕느냐가 아니다. 어떻게 그분들을 이편의 삶 한복판으로 끌어들여 그 목소리에 귀 기울일 공간을 만들고, 세심하게 주의를 기울여가며 경청할 여지를 만들어내느냐 하는 것이다. 말씀을 전하거나 가르치거나 고치려는 욕심에 눈이 멀어, 보살핌을 받는 이들이 선사하는 것을 깨닫지도, 받아들이지도 못하는 예가 얼마나 많은지 모른다. 치유란 본시 자존감이 회복될 때 일어나는 것이 아닌가? 상대의 아름다움을 알아보고 값진 선물로 기꺼이 받아들일 줄 모른다면, 어떻게 치유가 가능할까? 돌봄을 받음으로써 도리어 베풀고, 이로써 가장 아름다운 우리의 모습을 확인시켜주는 노인의 두 눈에서가 아니면, 도대체 어디서 우리가 귀중한 사람임을 절감할 수 있을까?

나이 드는 내 모습을 내면 깊숙이 받아들이는 건 생각보다 훨씬 어려운 일이다. 우리는 노년의 삶을 제대로 직시하지 않으려 할 뿐더러 자신이 늙어가고 있다는 사실을 감정적으로 쉽게 받아들이지 못한다. 인간은 너나없이 자신만큼은 세월이 흘러도 늘 변함이 없으리라는 환상을 품고 산다. 폐쇄된 공간이나 요양원에 사는 할아버지 할머니들의 존재뿐 아니라, 우리들 안에서 서서히 기지개를 켜며 깨어나고 있는 '노인'의 실존마저 부정하려는 성향이 있다. 너무도 낯설기에 또한 두려워한다. '내 소유'라고 철석같이 믿는 것들을 뺏어가려고 덤벼드는 침입자쯤으로 여긴다.

그리 오래되지 않은 이야기이지만, 잘생기고 똑똑한데다 창의적인 삶을 살려는 욕구가 넘치는 서른두 살 젊은이에게 누군가 물었다. "짐, 자네는 미래를 어떻게 설계하고 있나?" 청년이 대답했다. "연로한 어르신들을 돕는 일을 하고 싶습니다. 거기에 필요한 책을 읽고 공부도 하고 있어요." 다들 놀랍고 영문을 모르겠다는 눈으로 쳐다보았다. 누군가가 다시 말했다. "뜻은 알겠네만, 다른 일을 해보는 건 어떤가?" 옆에 있던 다른 사람이 제안했다. "젊은이들을 위한 일을 해보지 그러나. 자네라면 꽤 잘할 수 있을 것 같은데." 곁에 있던 다른 사람도 다소 조심스러워하며 거들었다. "혹시 사회생활을 하지 못할 만한 무슨 문제가 있는 건 아닌가?" 짐은 이런 반응을 곱씹다가 말했다. "쓸데없는 일에 관심을 갖게 된 게 아닐까, 하고 생각하게 만드는 분들이 더러 계십니다만, 역으로 보면 혹시 저의 관심이 그분들로 하여금 아직 정면으로 마주할 준비가 되지 않은 두려움, 다시 말해서 노쇠한 이방인이 되는 데 대한 공포감을 자극한 건 아닌가 하는 생각이 듭니다."

노인을 보살피는 것은 무엇보다도 늙어가는 자신에게 익숙해진다는 의미다. 자기 인생의 상대성을 인식한 사람만이 죽음과의 거리가 지척임을 뼈저리게 느끼는 노인들의 얼굴에 웃음이 번지게 할 수 있다. 그런 점에서, 보살핌은 일차적으로 늙어가는 자기 자신에게 다가서는 길이다. 똑같은 한계를 나눠가진 모든 인간을 치유할 힘을 얻는 자리 역시 바로 그 지점이다. 집주인조차 마음이 편치 않다면 손님은 오죽하겠는가? 환대를 받는다는 느낌이 들 리 없다. 자신의 이야기가 다른 이들의 가슴에 불편한 감정만 불러일으킨다는 판단이 서면, 그 어떤 할아버지 할머니도 내면 깊은 곳에 감춰둔 불안이나 욕구를 드러낼 마음이 생기지 않을 것이다. 노인들을 가까이 끌어당기기보다는 적당히 거리를 둘 속셈으로 제안이나 충고, 경고, 덕담 따위를 꺼내놓는 사례가 허다하다는 건 이제 공공연한 비밀이다.

나이 든 어르신들에게 소일거리를 주고 여흥을 즐기게 하고 주의를 돌리게 만들면서, 어쩌면 우리는 현실을 애써 외면하고 있는지도 모른다. 대부분의 노인이 기분 전환을 시켜주기보다는 이야기를 들어주길 바라고, 여흥거리를 제공하기보다는 그저 옆에 있어주길 바란다는 가슴 아픈 현실 말이다.

언젠가 어느 할머니한테서 이런 이야기를 들었다.

> 하루는 착한 여학생 하나가 찾아왔어요. 우린 함께 즐거운 시간을 보냈죠. 정말 행복했어요. 남편이랑 자식 얘기도 하고 외롭고 슬픈 느낌이 든다는 하소연도 했습니다. 주책없이 눈물이 주르르 흘러내렸지만, 속으론 누군가 내 얘길 들어준다는 게 무척 기뻤어요. 그런데 며칠 뒤에 그 학생이 다시 와서 말하더군요. "지난번에 외롭다고, 한없이 쓸쓸하다고 하셨던 말씀이 두고두고 마음에 걸렸어요. … 그래서 도와드릴 방도가 없을까 궁리를 좀 했는데, 혹시 저희 모임에 들어오시면 어때요? 관심 있으세요?" 들을수록 부끄러웠어요. 마음씨 고운 친구한테 너무 큰 걱정을 끼쳤구나 싶어서요. 저는 그냥 하소연을 들어주고 이해해줄 상대가 필요했을 뿐인데 말이죠.

노인들에게 여러 가지 실질적인 도움이 필요하다는 데는

재론의 여지가 없지만, 무엇보다 중요한 건 하루하루 나이 먹어가는 자기 자신을 자원 삼아 보살핌을 베풀어줄 존재다. 할머니 할아버지들이 우리 사회 한복판에서 살아 숨 쉴 여지를 준다면, 날로 노쇠해져가는 자신의 모습을 인식하고 그와 같은 맥락에서 노인들을 바라본다면, 비탄에 빠진 이들을 치료하는 우리의 자화상을 어느 정도는 그릴 수 있을 것이다. 나이 들어가는 내 모습을 낯선 이방인으로 남겨두는 한, 보살핌은 의미를 갖기 어렵다. 늙수그레한 이방인처럼 다가오는 낯선 존재를 나의 일부로, 나의 친구로 받아들여야 한다. 제집처럼 편안하게 느끼도록 환영해야 한다.

그렇다면 보살피는 이의 성품은 어떠해야 할까? 늙어가는 자신의 모습을 자원 삼아 누군가를 돌볼 줄 아는 이에게는 어떤 특성이 있을까?

여러 가지 두드러진 특성이 있겠지만, 여기서는 가장 중요해 보이는 두 가지 요소, 즉 가난과 긍휼에 관해 이야기해보려 한다.

125

보살
핀다는
것

가난

가난이란, 삶을 지켜야 할 자산이 아니라 나눠야 할 선물로 여기는 마음을 가리킨다. 가난한 마음은 선뜻 어제와 작별하고 미지의 신세계를 체험하러 끊임없이 전진하려는 자세다. 가난한 마음은 일분일초, 하루하루, 한 주 한 주, 한 해 한 해가 우리의 소유가 아니고, 사랑과 수고뿐 아니라 생명까지도 우리의 뒤를 따르며 바통을 이어받을 이들에게 물려주어야 하는 우리의 소명을 조용히 일깨우는 신호임을 깊이 이해하는 마음이다.

보살피는 이들은 가난해지라는 요구를 받고 있는 셈이다. 무엇이든 '내 것'이란 착각을 버리고 쉴 곳을 찾는 이에게 깃들일 자리를 만들어주어야 한다. 보살핌에는 '가난이 훌륭한 주인을 만든다'는 역설이 적용된다. 손과 머리와 마음에 걱정과 근심과 집착이 가득하다면, 나그네가 제집처럼 편히 여길 공간을 비워내기가 거의 불가능하다. 이러한 사실은 상담사나 목회자 또는 교사의 방에 들어설 때 실감할 수 있다. 사방 벽은 물론이고 책상과 의자에까지 책이 빼곡히 들어찬 모습을 보고 있노라면, 과연 이편이 꺼내놓는 사사로운 이야기에까지 신경을 써줄 여유가 있을지 의문이 든다. 통행량이 너무 많은 탓에 교통 정체로 발이 묶인 자동차 안에 갇혀 오도 가도 못하는 뉴욕 같은 대도시를 떠올리게 한다. '점거'라는 표현이 딱 들어맞는 상황이다.

그러므로 노인들을 위한 자리를 마련하기 위해서는 먼저 자신의 삶을 어떻게든 지켜내야 할 자산으로 보는 자세를 버려야 한다. 자신의 삶에 대해, 누릴 수는 있지만 움켜쥘 수는 없으며 잠시 맡아 가졌을 뿐 내 것이라고 우길 수 없는 값진 선물로 여길 수 있어야 한다. 이를 한사코 거부한다면 어떻게 나이 많은 이들을 자신의 세계에 맞아들일 수 있을까? 제 삶을 아무도 가져갈 수 없는 소유물이라 믿고 단단히 붙들려 한다면, 어떻게 함께 있는 노인들에게 환영받는다는 느낌을 줄 수 있을까? 자신의 역사성과 유한성을 끝없이 되새기지 않는다면, 다시 말해서 남들과 똑같이 세상에 왔다가 언젠가는 반드시 떠나야 할 '나그네'라는 인식을 애써 물리치려 든다면, 어떻게 연로한 어르신들이 깃들 따뜻한 공간을 비워낼 수 있을까?

그러므로 노인을 보살핀다는 건, 그분들이 우리 곁에 머물며 '내 힘으로 지금 내 삶을 빚어냈고 그 무엇도 그 누구도 내 삶을 빼앗아가지 못한다'라는 착각에서 벗어나도록 우리를 돕게 허용한다는 뜻이다.

가난한 마음, 곧 젊음에 대한 집착을 놓을 줄 아는 초연한 마음은, 낯설기만 한 늙은 내 모습을 삶의 한복판에 기꺼이 받아들여 가장 친밀한 친구로 삼게 해준다. 보살핌은 '죽지 않고 영원히 살리라'는 착각을 밀어내고 가난한 심령을 갖게 한다. 그제야 비로소 나이 많은 어르신들과 진정으로 함께할 수 있게 된다. 어찌 반응해야 할까, 하는 걱정 따위는 제쳐두고 자연스럽게 노인들의 이야기에 귀를 기울이게 된다. 무엇을 줄 수 있을지 염려하지 않고 어른들이 내놓는 것에 관심을 쏟게 된다.

나이 든 이들을 위해 어떤 존재가 되어야 할지 궁리할 필요 없이 그분들의 내면에 있는 것을 직시하게 된다. 그릇된 노력이나 선입견을 비워내면, 빵과 포도주뿐 아니라 삶의 이야기까지 나눌 수 있는 자리를 늙은 나그네들에게 망설임 없이 내놓을 수 있다.

긍휼

긍휼은 가난한 마음에서 자란다. 가난한 심령만이 늙어가는 아픔을 헤아리고 또 나눌 수 있기 때문이다.

나이 든 나그네를 향한 두려움을 이겨내고 손님을 대하듯 친밀한 관계로 맞아들이게 해준다는 점에서, 긍휼은 보살피는 데 없어서는 안 될 두 번째 핵심 자질이다. 늙고 젊다는, 인위적이고 종종 방어적이기까지 한 경계선을 지워버리면, 나이 들어간다는 공통의 짐을 나눠질 힘이 생긴다. 그렇게 되면 보살핌을 주고받는 이들이 강자 대 약자의 구도를 형성하는 것이 아니라 양쪽 모두 인간이 되어가는 능력을 키워갈 수 있다.

긍휼은 비참함의 한복판에서 아름다움을, 고통의 한복판에서 소망을 볼 눈을 키워준다. 가시철망 틈에서 꽃을, 딱딱하게 얼어붙은 동토(凍土)에서 말랑말랑한 땅을 찾아내게 한다. 나이 들면 머리칼이 듬성듬성해지고, 치아는 약해져 쉽게 빠지고, 손아귀 힘도 약해지고, 살갗에 주름이 늘고, 기억력이 떨어지고, 건망증이 심해진다. 긍휼은 이런 나이 듦의 징후가 삶의 부조리함을 보여주는 증거가 아니라 "밀알 하나가 땅에 떨어져서 죽지 않으면 한 알 그대로 있고, 죽으면 열매를 많이 맺는다"(요 12:24)는 사실을 자상하게 일깨우는 신호로 파악한다. 긍휼은 한 걸음 떨어져서 연민을 느끼는 차원을 뛰어넘어, 자신의 나약함 안에서 늙어가는 형제자매들을 고치는 친밀함을 이끌어낸다. 늙어가는 아픔과 괴로움을 거둬가지는 않지만, 약점을 강점으로 바꿀 토대를 제공한다. 긍휼은 치유를 낳는다. 우리를 하나로 묶어 인내하게 만들기 때문이다. 자신을 깨끗이 닦아가며 삶이 완결되길 기다리는 것이다.

이처럼 긍휼은 나이로든 생활 방식으로든 서로 딴판인 이들이 한데 어울려 공동체를 이룰 수 있게 해주는 마음이다. 토머스 머튼은 긍휼을 가리켜 '정화하는 광야'라고 했다. 가당치 않은 온갖 차이를 극복하고 동등한 하나님의 자녀로서 서로를 받아들일 수 있게 한다는 것이다.

> 긍휼의 광야만큼 무한정 끔찍하면서도 아름답고, 메말랐으면서도 비옥한 황무지는 어디에도 없을 것이다. 진정 백합처럼 화사할 수 있는 광야는 오로지 긍휼뿐이다.[27]

노인의 삶뿐 아니라 젊은이의 삶까지, 여러 인생을 살 수 있게 해주는 것이 바로 긍휼이다. "인간은 다양한 언어를 말하듯 다양한 삶을 살게 마련"이라고 누군가는 말한다. 이는 어김없는 사실이다. 남들을 자신의 광야로 맞아들이고 그들의 언어로 말하는 법을 배울 때마다 더불어 삶을 나누고 서로의 사람됨에 깊이를 더하게 되는 까닭이다. 그래서 하는 말인데, 노인들의 언어가 더없이 풍요롭다는 사실을 절절히 느껴본 적이 있는가?

가난과 긍휼은 돌보는 이들에게 반드시 필요한 두 가지 핵심 자질이다. 절망과 혼란의 수렁에 빠져 허우적거리는 이들을 만나 치유의 손길을 내밀기 원한다면, 우선 자화상을 그리고 또 그려야 한다. 가난과 긍휼은 그 그림에 없어서는 안 될 필수 요소다. 그럼, 이제부터는 그러한 치유가 어떻게 일어나는지 살펴보겠다.

◆

스스로 나이 들어간다는 사실을
인식하지 못하면서
어떻게 나이 든 이들과 온전히 함께할 수 있을까?

◆

노인을 보살피는 것은
무엇보다도
늙어가는 자신에게 익숙해진다는 의미다.

긍휼은 비참함의 한복판에서 아름다움을,
고통의 한복판에서
소망을 볼 눈을 키워준다.

보살핌,
다른 이들에게 다가가는 길

✦✦✦ 보살핌은 자신을 새롭게 이해하도록 이끌어주지만, 자기 이해가 보살핌의 궁극적인 목표는 아니다. 우리는 다른 이들을 위해 존재한다. 하루하루 나이 들어가는 자신을 비워 똑같이 늙어가는 다른 이들을 섬기도록 부름을 받았다는 뜻이다. 노인들을 보살피는 일은 점점 늙어가는 자신을 치유의 기본 도구로 삼으라는 도전이기도 하다.

하지만 우선, 노인들을 돌보는 게 특수한 유형의 보살핌은 아니라는 점을 짚고 넘어가야 할 것 같다. 나이 많은 어른들을 챙기는 일을 특수한 과제로 여기기가 무섭게, 보살핌을 통해 극복하려고 하는 바로 그 사회적 분리의 함정에 빠지기 때문이다. 세상을 청년, 장년, 노년으로 구분하고 저마다 달리 접근하려는 시도를 용인하면, 참다운 보살핌은 사라지고 돌보는 행위만 남는다. 인간이 발전하고 성장하려면 무엇보다도 세대 간의 창의적인 상호 작용이 일어나야 한다. 할아버지와 할머니, 아버지와 어머니, 아들과 딸, 그리고 손자와 손녀들은 삶의 마디마디마다 인생 주기 전체를 눈으로 확인하고 실감할 수 있게 해준다. 치유 받았던 기억을 살려줄 뿐 아니라 치유되리라는 소망을 품게 한다. 아버지와 할아버지처럼 되기를 기대하고 아들과 손자들이랑 비슷했던 시절을 떠올린다. 이런 기대와 기억이 서로 어우러져 이 땅에 존재하는 내내 어느 순간에든 옹근 삶을 살 수 있게 해준다. 서로 늘 함께 있는 것이야말로 보살핌의 핵심이다. 보살핀다는 건 곧 다른 이들에게 다가가서 치유 공동체를 이룬다는 의미다.

하지만 세대 간에 이처럼 창조적인 상호 작용이 이뤄지기가 무척 힘들다는 걸 깨달을 때마다 얼마나 가슴이 아픈지 모른다. 사막과 논밭 한복판까지 대학 캠퍼스가 들어서는 현실을 보면 '세대 간의 단절'이라는 반교육적 현상이 벌어지고 있음을 뼈저리게 느낀다. 새로이 등장한 '교육의 전당'마다 수많은 학생이 빼곡하게 들어앉았다. 단순히 숫자만 놓고 보더라도 교수와 의미 있는 관계를 맺는 게 실질적으로 불가능하다. 대학 교육을 받는 4년 동안 오로지 또래와만 어울리는 학생이 이루 헤아릴 수 없을 만큼 많다.

나이
든다는
것

어린아이들과 놀아주거나, 십대들과 함께 일하거나, 어른들과 대화를 나누거나, 노인들과 인간적인 접촉을 할 기회가 거의 없다. 이처럼 교육을 목적으로 분리된 젊은이들은 인생이라는 교육 현장을 박탈당하고 있는 셈이다. 인격 형성기 동안 또래들과 긴밀한 관계를 맺는 건 대단히 소중한 경험이다. 그러나 우리가 어디서 왔다가 어디로 가는지 일깨워줄 세계가 주위에 없다면, 그런 폐쇄성은 활력을 주기보다 침체를 불러오고 말 것이다. 참으로 비극적인 일이다.

그러므로 노인들을 보살피기 위해서는 한 세대와 또 다른 세대가 창의적이고 생기 있게 서로 어우러지는 새로운 삶의 방식이 필요하다. 늙어가는 자신의 모습과 마주하는 이들은 할아버지와 할머니, 아버지와 어머니, 아들과 딸, 손자와 손녀들이 찾아와서 주어진 땅의 열매를 거두기 위해 함께 일할 수 있는 토대를 놓는다.

나이 많은 어른들을 돌보는 일은 특별한 형식의 보살핌이 아니라는 점을 다시 한 번 강조하면서, 지금부터는 다른 이들에게 다가가는 방식으로서 보살핌이 갖는 두 가지 주요한 특성, 즉 용납과 직면에 관해 이야기해보려 한다.

용납

늙어가는 것이 어둠으로 이어지는 통로가 되어버린 수많은 이들에게 보살핌은 과연 무얼 의미할까? 잊히고 있다고, 외롭다고 느끼는 이들, 하루하루 다가오는 죽음을 비참한 현실에서 벗어날 유일한 탈출구로 여기는 이들에겐 어떤 말을 들려주어야 할까? 즐거운 기억이나 행복했던 일, 점점 밝아지는 빛에 관해서 나눌 만한 것이 전혀 없는 상황에서 어떻게 하면 상대의 이야기를 귀 기울여 들어줄 수 있을까? 온통 두려움뿐이고 단 하나의 소망도 이뤄진 바가 없다고 믿는 이들에게는 또 어떻게 반응해야 할까?

쉽게 답할 만한 질문은 하나도 없다. 상황에 딱 들어맞는 반응이나 대답이라는 게 없어 보인다. 실패한 인생의 신비는 너무도 오묘해서 쉬 파악할 수 없다. 하지만 지치고 낙담한 노인의 눈을 들여다보면, 혹시 지난날 이사야가 보았던 것이 보일지도 모른다.

> 그에게는 고운 모양도 없고, 훌륭한 풍채도 없으니,
> 우리가 보기에 흠모할 만한 아름다운 모습이 없다.
> 그는 사람들에게 멸시를 받고, 버림을 받고, 고통을 많이 겪었다.

그는 언제나 병을 앓고 있었다.

사람들이 그에게서 얼굴을 돌렸고,

그가 멸시를 받으니, 우리도 덩달아 그를 귀하게 여기지 않았다.

그는 실로 우리가 받아야 할 고통을 대신 받고,

우리가 겪어야 할 슬픔을 대신 겪었다(사 53:2-4).

늙고 비참한 인간의 눈에 비친 세계, 진정 그것이 우리의 세상이다. 그가 당했던 고난이 우리의 고난이고, 그가 짊어졌던 슬픔이 우리의 슬픔이다. 뼈아픈 괴로움이 나이 많은 어른들로 하여금 날로 노쇠해가는 현실을 어둠으로 이어지는 통로쯤으로 여기게 만든다. 노인들의 실수나 약점이나 죄를 지적하는 식으로는 그 실체를 규명할 수 없다. 그래 봐야 허다한 노인들이 마주한 운명은 악, 구체적으로는 권력이 사랑을, 경쟁이 관용을 압도하는 사회악을 반영할 뿐이라는 인식을 애써 외면하는 데 그칠 따름이다. 나이 많은 어른들은 자신들뿐 아니라 알게 모르게 그런 상황에 책임이 있는 우리 모두를 위해 고통을 당하고 있다.

비정한 사회에서 따돌림을 받는 수많은 어른에게 무슨 말을 할 수 있을까? 그들의 참담한 현실이 이편의 탐욕스러운 얼굴을 비쳐주는 경고의 거울이 될 수 있다는 정도가 아닐까?

151

보살
핀다는
것

하지만 사회의 거절은 고난당하는 노인들을 세상 누구도 베풀 수 없는 인정과 용납으로 이끌 수 있다. 지난날의 행위나 소유나 업적은 물론이고 친구나 친척 심지어 스스로에 대한 자각마저도 삶을 좌우하지 못한다는 사실을 인식하면, 비할 데 없이 너른 마음을 가지신 하나님, 자신의 아들이요 상처 입은 종 그리스도를 통해 "내가 너를 용납하노라"라고 말씀하시는 하나님께 나아가는 길이 열린다.

고통스럽지만 솔직하게 인간으로부터 거절당했음을 인정할 때 주님의 용납하심을 확인할 수 있다. 위안을 줄 법한 과거의 소소한 일에 의지하는 것은 바람직한 자세가 아니다. "우울하시겠죠. 하지만 행복하게 사는 자제분들, 어르신이 도움을 베풀었던 이들, 남긴 업적을 곰곰이 생각해보세요"라고 이야기하는 건 온당치 못하다. 죄책감을 키우고 좌절을 겪고 있는 현실을 부정하게 만들 따름이다. 유일한 소망이 있다면, 선뜻 귀 기울여 들어주고 결함 많은 인생의 적나라한 실체를 과감히 마주할 줄 아는 이가 있어서, 결코 도망치지 않고 말 한마디, 손길 한 번, 미소 한 모금, 또는 따뜻한 침묵으로 "압니다. 누구나 한 번 살다 가는 게 전부이고 결코 되돌릴 수 없죠. 하지만 지금은 제가 곁에서 보살펴드릴게요"라고 속삭인다는 단순한 사실뿐이다. 어쩌면 더없이 캄캄한 시기를 지나는 가엾은 나그네들로서는 기꺼이 집안에 맞아들여 보살피는 이들의 부드러운 손길을 통해서만 하나님의 용납하심을 감지할 수 있을지 모른다.

직면

노인들에게 용납은 대단히 중요하다. 하지만 보살핌을 피할 수 없는 인간의 현실에 수동적으로 동의하는 것으로 이해해서는 안 된다. 보살핌은 숙명을 받아들이도록 돕는 차원에서 그치지 않는다. 참다운 보살핌에는 직면이 포함된다. 나이 들어가는 이들을 보살핀다는 건 세대를 초월해 모든 이들을 돌본다는 뜻이다. 열 살이든, 서른 살이든, 쉰 살이든, 일흔 살이든, 여든 살이든 인간은 누구나 나이 듦의 과정을 똑같이 밟고 있는 처지이기 때문이다. 따라서 나이 들어가는 이들을 돌본다는 말은 다가오는 노년을 피하고 싶은 마음에 다들 한 자락씩 품고 있는 영생의 환상과 직면하는 것을 가리킨다.

젊은이든, 중년이든, 노인이든 그 누구라도 헛된 기대에 집착해서 그릇된 가정 위에 삶을 세워가지 않도록 막는 것이야말로 보살핌을 생각하는 모든 이들이 짊어져야 할 과제다.

155

보살
핀다는
것

살아가는 자세에 따라 늙어가는 양상이 달라지는 게 사실이라면, '됨됨이'가 '소유'와 꼭 들어맞는 건 아니며, 자존감이 인생의 성공 여부에 따라 흔들리는 것도 아니고, 선량하다는 게 곧 인기 있다는 의미는 아니라는 생각이 투영된 삶의 방식을 찾도록 돕는 것을 가장 중요한 과업으로 삼아야 한다. 나이 들어가는 이를 보살핀다는 건 성적, 학위, 지위, 승진, 보수 따위에 최종적인 의미를 부여하려는 성향을 끈질기게 물리치는 한편, 고독과 침묵까지도 언젠가 빛을 가져다줄 선물로 넉넉히 받아들일 수 있는 내면의 자아와 단절되지 않도록 용감하게 노력한다는 의미이기도 하다. 젊어서 사랑과 평안, 용서와 관용, 온유와 기쁨이라는 빛을 찾고 가슴 깊이 경험하지 못하는데, 나이 든 뒤에 맛보길 기대할 수 있을까? 집회서는 이렇게 말한다. "네가 젊어서 아무것도 벌어들이지 못했다면, 늙어서 무엇을 찾을 수 있겠느냐?"(집회서 25:3) 돈과 재물뿐 아니라 마음의 평안 및 순결과 관련해서도 한 치 어긋나지 않는 말씀이다.

    영원한 빛이 어둠을 뚫고 들어올 여지를 마련하는 직면은 보살핌의 과격한 일면이다. 위험을 무릅쓰고 세상의 관심사에 등을 돌리고, 우리 사회의 모습을 바꿀 수 있는 사랑을 마음껏 드러내게 하는 작업이기 때문이다.

157

보살
핀다는
것

직면은 환상을 걷어낼 뿐 아니라 '하나님의 자녀가 되는 권세'를 주는 치유의 광선을 똑똑히 볼 수 있게 해준다.

용납과 직면, 둘 다 늙어가는 이들을 치유하는 보살핌에 해당한다. 렘브란트는 자신의 상한 구석에 눈길을 주는 데 그치지 않고, 허상을 제 모습인 줄 알고 사는 이들과 대면하여 치유의 광선이 그들의 내면 깊은 곳까지 이를 수 있는 틈을 냈다.

***

렘브란트의 진솔한 자화상을 감상하며 치유를 경험했던 오스카 코코슈카의 사연으로 보살핌에 관한 이야기를 시작했다. 이제 배려 깊은 아버지의 말을 통해 용납과 직면을 경험한 브루클린의 소년 화가 아셰르 레브의 일화를 소개하면서 긴 이야기를 마무리할까 한다.

하임 포톡이 쓴 《내 이름은 아셰르 레브 My Name Is Asher Lev》에서 어린 화가는 이런 이야기를 들려준다.

문득 돌아보니… 아버지는 집 근처 보도 끄트머리에 누워 있는 새를 바라보고 있었다.

"죽었어요, 아빠?" 고작 여섯 살, 코흘리개 꼬마였던지라 감히 다가갈 엄두가 나지 않았다.

"그렇단다." 상념이 가득한 서글픈 목소리였다.

"왜 죽었을까요?"

"살아 있는 것들은 모두 다 죽게 마련이지."

"모두요?"

"그럼."

"아빠도 죽는다고요? 엄마도요?"

"물론이지."

"저도요?"

"그렇단다." 아버지는 이내 이디시어로 덧붙였다. "하지만, 아셰르, 너는 오랫동안 행복하게 잘 살고 나서야 세상을 떠나게 될 거야."

납득이 가지 않았다. 죽은 새를 쳐다보지 않을 수 없었다. 살아 숨 쉬던 것들이 언젠가는 하나같이 저 새처럼 꼼짝 않게 된다고?

"왜요?" 다시 물었다.

"우주의 주인이신 하나님이 세상을 그렇게 지으셨으니까."

"왜요?"

"그래야 생명이 값지지 않겠니, 아셰르? 영원히 가질 수 있는 건 절대로 귀중한 게 아니란다!"[28]

노인들이 젊은이를 보살피는 경우도 젊은 세대가 나이 든 세대를 돌보는 것과 다를 바가 없다. 진정한 보살핌은 두려움이라는 장막을 사이에 두고 갈라서는 것이 아니라, 유한하기에 더욱 소중한 인간의 공통 조건 위에서 서로를 바라볼 때 비로소 이뤄진다.

◆

늙고 비참한
인간의 눈에 비친 세계,
진정 그것이 우리의 세상이다.

◆

"그래야 생명이 값지지 않겠니, 아셰르?
영원히 가질 수 있는 건
절대로 귀중한 게 아니란다."

◆

진정한 보살핌은
유한하기에 더욱 소중한 인간의 공통 조건 위에서
서로를 바라볼 때 비로소 이뤄진다.

◆

© Ron P. van den Bosch

에필로그
수레바퀴

❖❖❖ 이것은 나이 듦, 그러니까 늙음이라는 인간의 보편적인 숙명에 관한 책이다. 아직 못다 한 이야기가 많다. 노인들의 주거 및 건강 문제, 의미 있는 활동과 소통의 필요성에 대해서도 다루지 못했다. 저마다 가진 편견을 강화시키기만 하는 반응과 자신은 물론이고 노인들까지 자유롭게 하는 반응을 구별하는 기준을 마련하고픈 마음에 나이 듦을 대하는 인간의 기본자세를 성찰하는 데 집중했기 때문이다.

지금까지 전하려고 했던 메시지의 이면에 깔린 가장 확고한 신념은 받지 못하면 줄 수도 없다는 것이다. 예수님조차도 돕고자 하셨던 무리들 틈에 끼어 있던 소년에게서 떡 다섯 개를 받고 난 뒤에야 음식이 끝없이 불어나는 기적을 일으키셨다. 나이 많은 어르신들을 스승으로 받아들일 수 있어야만, 그들이 갈구하는 도움을 줄 수 있다. 세상을 강자와 약자, 도움을 주는 이와 도움을 받는 이, 베푸는 쪽과 받는 쪽, 독립적인 사람과 의존적인 사람으로 이분하는 태도를 버리지 않는 한, 참다운 보살핌은 절대로 성립할 수 없다. 구분선은 끝없이 늘어나게 될 테고, 결국 노인들이 누구보다 먼저 고통을 당하게 되기 때문이다.

서양이 동양에 주는 으뜸가는 선물은 그들로 하여금 서양을 변화시키도록 허용하는 것이듯, 노인들을 가장 잘 섬기는 길은 젊은 세대 역시 나이 들어간다는 사실을 인식하도록 젊은이를 이끌 기회를 노인들에게 주는 것이다. 장애를 가진 이들이 우리의 한계를, 앞이 보이지 않는 이들이 한 치 앞을 모르는 우리의 눈멂을, 불안한 마음에 사로잡혀 사는 이들이 우리의 두려움을, 가난한 이들이 우리의 빈한함을 일깨워주듯, 노인들은 누구나 늙어간다는 사실을 젊은 세대에게 상기시키는 역할을 해야 한다. 그래야 고난을 당하고 성장하는 전 과정에서 내면의 연대를 맺고 삶을 온전히 체험하는 경지에 이를 수 있다. 이러한 내면의 연대는 참다운 보살핌과 치유가 일어나는 인간 공동체의 토대가 된다. 그러므로 스스로 어둠 속으로 들어감으로써 빛이 되고, 늙어가는 자신을 고백함으로써 나이 들어가는 다른 이들을 더 잘 보살피게 된다.

나이 듦은 비할 데 없이 중요한 삶의 과정 가운데 하나다. 이를 부정하면 결국 해를 입을 수밖에 없다. 자신이 늙어간다는 사실을 깨달았거나 재발견한 이라면 누구나, 자신은 물론이고 주변 사람들의 삶까지 풍요롭게 할 독특한 기회를 갖는다.

하얀 눈밭에 우뚝 선 자작나무에 기대 세워놓은 수레바퀴는 완성된 삶의 사이클을 도식적으로 보여준다. 하지만 누구라서 삶의 바퀴살이 한 바퀴를 완전히 도는 시점을 정확히 알 수 있을까? 나이가 얼마나 들어야 나그네들에게 쉼을 가르치기에 충분할지 누가 알까? 스스로 완성 여부를 판단할 수 없다는 사실이야말로 인생의 수수께끼가 아닐 수 없다. 인간은 제아무리 안간힘을 써도 옹글게 한 바퀴를 다 도는 시점을 가늠하지 못한다.

어떤 이들에게는 하늘을 찌르는 인기를 만끽하고 있을 때 그날이 찾아온다. 꿈에도 생각지 않았던 순간에 그날을 맞는 이들도 있다. 누군가에게는 더없이 혈기가 왕성한 시절에, 또 다른 이에게는 기력이 다해서 한없이 약해졌을 즈음에 그날이 닥친다. 창의력이 활짝 꽃피는 시기에 맞닥뜨리는 이가 있는가 하면, 잠재력이 완전히 고갈됐다 싶을 때 그날을 보는 이도 있다. 바퀴는 여전히 구르고 있지만, 언제 멈출지는 아무도 모른다.

에필로그

하지만 한 가지만큼은 분명하다. 인자人子, 곧 그리스도는 가르치고 병을 고칠 힘, 성취하고 영향력을 행사하고 있다는 의식, 제자와 친구들, 심지어 하나님 아버지에 이르기까지 가진 걸 모두 잃어버리자 곧 바퀴가 멈춰 섰다. 인간으로서의 존엄을 깡그리 박탈당한 채 십자가에 못 박히는 순간 이제 때가 찼음을 알고 말씀하셨다. "다 이루었다"(요 19:30). 하지만 예수님의 죽은 몸은 늙어가는 삶을 인내하며 견뎌내는 수많은 이들에게 소망과 새 생명의 상징이 되었다. 지나가던 이들마저 "참으로 이분은 하나님의 아들이셨다"(막 15:39)라고 고백한다. '사람의 아들'은 '하나님의 아들'로서 장성한 분량이 충만한 데까지 다다르셨다. 그분은 어둠을 뚫고 들어온 빛이었으며, 수레바퀴가 굴러 제자리로 돌아오는 것이 아니라 구원 역사의 진보를 이룬다는 점을 여실히 보여주셨다. 한 바퀴를 살고 떠나는 게 인간이기는 하지만, 동시에 늙음은 나이 들고 죽는 과정을 통해 세상에 새 생명을 허락하신 분이 주신 약속의 완성이기도 하다.

에필로그

감사의 말

✦✦✦ 친구들의 격려와 건설적인 비평, 개인적인 도움이 없었더라면 이 책은 빛을 보지 못했을 것이다.

우선 '나이 듦'에 관해 공부하고 글을 쓰는 게 얼마나 중요한지 일깨우고 노트르담 대학 집회 기간 내내 용기를 북돋아 주었던 피터 나우스와 던 맥닐에게 고마운 마음을 전한다.

갖가지 의견을 내준 메리 카니, 리처드 코크렐, 에드 도비할, 테레사 가이거, 루퍼스 러스크, 제니트 로저스, 브렌다 스티어스, 콜린 윌리엄스에게 감사한다. 조용히 작업할 공간을 내준 자비의 성모 수녀회와 개인적으로 꼭 필요한 도움을 주었던 셜리 리처드슨에게도 머리 숙여 감사를 전한다.

뉴헤이븐에서,
헨리 나우웬과 월터 개프니

주

1 원서의 성경구절은 모두 다음 역본에서 인용했다. *The Jerusalem Bible*, Alexander Jones, General Editor(Garden City, New York : Doubleday & Company, Inc., 1966). 한국어판의 경우는 새번역을 인용했고, 집회서는 한국천주교주교회의에서 펴낸 《성경》을 따랐다.

2 Simone de Beauvoir, *The Coming of Age*(New York : C. P. Putnam's sons, 1972), p. 77.

3 Ibid., p. 539.

4 Sharonj R. Curtin, *Nobody Ever Died of Old Age*(Boston and Toronto: Little, Brown and Company, 1972), p. 56.

5 다음 책을 참고하라. Ralph Nader's Study Group Report on Nursing Homes, *Old Age: The Last Segregation*, by Claire Townsend, Project Director(New York: Bantam Books, 1971).

6 Florida Scott-Maxwell, *The Measure of My Days*(New York: Alfred A. Knopf, 1968), p. 138.

7 Curtin, op. cit., pp. 195-196.

8 Scott-Maxwell, op. cit., p. 137.

9 다음 책을 참고하라. P. Townsend, "Isolation, Desolation and Loneliness," in Ethel Shanas, et al., *Old People in Three Industrial Societies*(New York: Atherton Press, 1965), pp. 255-307; also Peter Naus, "The Impact of Social Factors on Behavior and Well-Being of Elderly People"(Unpublished Study), p. 6.

10 다음 책을 참고하라. Robert N. Butler, "Age: The Life Review," in *Psychology Today*, December 1971, pp. 49-51, 89.

11 다음 책을 참고하라. David Schonfield, Family Life Education Study, "The Later Adult Year," in *The Gerontologist*, Vol. 10, No. 2, Summer 1970, p. 117.

12 다음 책을 참고하라. Dr. Alexander Leaf and John Launois, "Every Day Is a Gift When You Are Over 100," in *National Geographic*, Vol. 143, No. 1, January 1973, pp. 93-118.

13 Bernice Neugarten, "Grow Old Along With Me! The Best Is Yet To Be," in *Psychology Today*, December 1971, pp. 45-48, 79-81.

14 Neugarten, op. cit., p. 46.

15 Neugarten, op. cit., p. 46.

16 Neugarten, op. cit., p. 48.

17 Laura Huxley, *This Timeless Moment*(New York: Farrar, Straus & Giroux, 1968), p. 28.

18 Scott-Maxwell, op. cit., p. 13.

19 Robert Kastenbaum, "Theories of Human Aging : The Search for a

Conceptual Framework," in *The Journal of Social Issues*, October 1965, XXI, No. 4, p. 33.

20 C. G. Jung, *Modern Man in Search of a Soul*, quoted in Paul Tournier's, *Learn to Grow Old* (New York: Harper & Row, Publishers, 1972), p. 12.

21 Paul Tournier, op. cit., p. 35.

22 Scott-Maxwell, op. cit., p. 142.

23 Huxley, op. cit., p. 25.

24 Han Fortmann, *Discovery of the East: Reflections on a New Culture* (Notre Dame, Indiana: Fides Publishers, Inc., 1971), pp. 98-99.

25 Horst Gerson, *Rembrandt Paintings* (New York: Reynal and Company, 1968), p. 478.

26 Gerson, op. cit., p. 460.

27 Thomas Merton, *The Sign of Jonas* (Garden City, New York: Doubleday & Company, Inc., 1953), p. 323.

28 Chaim Potok, *My Name Is Asher Lev* (New York: Alfred A. Knopf, 1972), p. 156.

Aging

The Fulfillment of Life

◆

나이 듦은 마치 약속의 무지개처럼

온 인류 위에 내걸린 더없이 공통적인 경험이다.

지극히 인간적이기에 유년과 성년, 장년과 노년이라는

인위적인 경계를 뛰어넘는다.

약속으로 가득해서 인생의 보배를

점점 더 많이 캐낼 수 있게 해준다.

◆